민사고 행복 수업

1년 72시간 긍정심리학으로
자신감을 찾는 아이들

민사고 행복 수업

김여람 지음

생각정원

일러두기

책에 등장하는 학생들의 이름은 때론 가명임을 밝힙니다.

/ prologue /

공부하기도 바쁜 아이들이 심리학을 배우는 이유

"민사고 아이들은 공부만 할 것 같았는데, 생각보다 멀리 보고 즐겁게 공부하는 것 같다는 인상을 받았어요."

탈고 후, 출판사 미팅에서 들은 이야기다. 나는 '의외'이기도 했고 '역시나'라는 생각도 동시에 들었다. 의외라고 여겼던 것은 아이들이 즐겁게 공부한다는 점을 굳이 부각시키려는 의도가 없었기 때문이다. 처음 책을 구상할 때 행복 이론을 적용한 아이들 사례를 위주로 목차를 짜긴 했지만, 민사고 아이들을 어떤 특정한 방식으로 보여주고픈 생각은 딱히 없었다. 그럼에도 이 말에 수긍할 수 있었던 것은 민사고 아이들이 실제로 깊이 생각하고, 멀리 보고, 또 즐겁게 공부하는 것을 직접 봤기 때문이다.

민사고는 '라라랜드'가 아니다. 사람들은 민사고 아이들을 일등 대학 합격쯤은 따놓은 당상인 것처럼 특별하게 본다. 그러나 이 아이들도 많은 갈등과 시기와 질투 속에서 비뚤어진 열등감과 우월감을 갖고, 치열한 경쟁을 한다. 민사고 아이들은 기숙 생활을 하면서 아침 6시에 일어나 체조로 하루를 시작하고, 여덟 시간의 정규 수업이 끝나면 밤 12시까지 자습을 한다. 특히 국내반 아이들은 시험 점수 1점으로도 등급이 달라지는 상대평가 시스템 때문에 늘 공부 스트레스를 안고 있다. 내신 경쟁을 어떻게 극복해야 하는지, 공부한 만큼 성적이 나오지 않을 때에는 어떻게 해야 하는지, 잘하는 것과 좋아하는 것 중 무엇을 진로로 택해야 하는지, 하고 싶은 일이 "현실적이지 못하다"는 이야기를 들을 때 어떤 선택을 해야 하는지, 통상적인 성공만을 바라는 부모님과 어떻게 지내야 할지, 그리고 마음에 들지 않는 내 성격을 과연 바꿀 수 있을지 등 모든 아이들이 겪을 만한 고민을 민사고 아이들도 예외 없이 하며, 자신과 힘겨운 싸움을 한다.

다른 점이 있다면, 민사고는 학생들에게 '출세를 위한 공부보다 학문을 위한 공부'를 권하고, 아이들 역시 각자 관심 있는 분야에 대한 열정과 계획을 갖고 있었다는 점이다. 아이들은 성취욕이 강했지만 공부 외 다른 활동도 하며 그야말로 '풍류'를 즐길 줄 알았다. 경쟁에 매몰되지 않으려 노력하고 다른 친구들을 있는 그대로 인정해주었다. 평범하면서도 특별한 민사고 아이들의 일상을 심리학 교사로서 보고 느낀 점은 책에서 자세히 살펴볼 수 있다.

감정 기복이 심하면 성적도 요동친다

민사고에서 심리학을 가르친다는 사실에 놀라는 사람들이 있을지도 모르겠다. 민사고가 입시 공부하기에도 빠듯한 아이들에게 심리학을 가르치는 데는 이유가 있다. 심리학을 배우면, 인간에 대한 이해의 폭이 넓어지고 이를 바탕으로 자신의 삶과 사회, 타인과의 관계에 적용할 수 있는 능력을 키울 수 있다. 국·영·수 공부만으로는 얻을 수 없는 삶의 자세와 태도를 심리학에서 배우는 것이다. 이를 위해 민사고는 대한민국을 통틀어 가장 다양한 심리학 과목을 개설해놓았다. 심리학 입문이라 할 수 있는 AP심리학, 선택교과심리학, 사회심리세미나, 생활과 심리, 심리학논문작성, 그리고 긍정심리학까지 고등학교 시스템에 반영했다.

심리학 과목은 수업을 듣고자 하는 학생 수가 많아 교사 한 명으로는 감당하기 힘들 만큼 인기가 있다. 아이들은 수업 내용을 흥미로워하기도 했지만, 심리학에서 배운 것을 실제 자신의 삶에 적용해보며 세상과 타인을 이해하려 노력했다. 무엇보다 스스로를 대하는 태도가 변화되기도 했다.

기본적으로 심리학은 나와 타인, 그리고 세상을 이해하는 학문이다. 사회 경험이 적은 학생들은 급변하는 외부 상황을 힘들어할 때가 많다. 성적이 급락했을 때, 집안에 문제가 생겼을 때, 누군가에 대해 사랑의 감정이 들었을 때, 모든 것이 당황스럽고 "내 잘못일까" 하는 생각에 빠져든다. 자신에게 찾아온 불안의 감정을 제대로 받아들이거나 다스리지 못하면 공부에 집중할 수 없고, 당연한 결과로 성적은 요동치게 된다. 심리학은 이런 성장통을 겪는 아이들에게 큰 위안을 주고 단단한 내면을 만들어주는 역할을 수행한다. 책에서 소개한 과잉정당화 효과, 제로섬 게임의 심리적 효과, 노출치료, 강화 민감성 이론, 긍정 정서의 힘 등은 실제로 수업을 받은 아이들에게 자신을 더 잘 이해하고 자신의 목표를 향해 묵묵히 나아갈 수 있는 힘이 되어주었다.

고등학교 때의 성적을 좌우하는 결정적 지표, 행복

민사고에 개설된 심리학 과목 중 가장 전문적이며 심화과목이라 할 수 있는 것은 단연 긍정심리학이다. 심리학의 전공과목은 일반적으로 인지심리학, 발달심리학, 산업심리학, 이상심리학 등이 있고, 소위 말해 요즘 '핫해서' 민사고 아이들도 관심 많은 분야에는 신경심리학(뇌과학)이 있으며, 한국 심리학계에서 가장 몸집이 큰 분야로는 상담·임상심리학이 있다. 이 중에서도 민사고는 '행복'을 주요 주제로 하는 긍정심리학을 개설했고 큰 인기를 모으고 있다. 공부하기에도 바쁜 아이들이 왜 행복에 대한 공부를 하는 것일까?

석사 과정을 지도해주신 서은국 교수님은 〈세상을 바꾸는 시간, 15분〉이라는 프로그램에서 '행복의 저력'이라는 주제로 강연을 하신 적이 있다. 이때 공개했던 연구 결과 그래프를 잠시 살펴보자.

그래프가 말하는 바는 간단하다. 중2 때 행복했던 아이가 고3 때 성적도 좋았다는 것이다. 더욱 흥미로운 것은 중2 때 사교육에 들인 비용이나 시간이 고3 때의 성적을 좌지우지하지 못했다

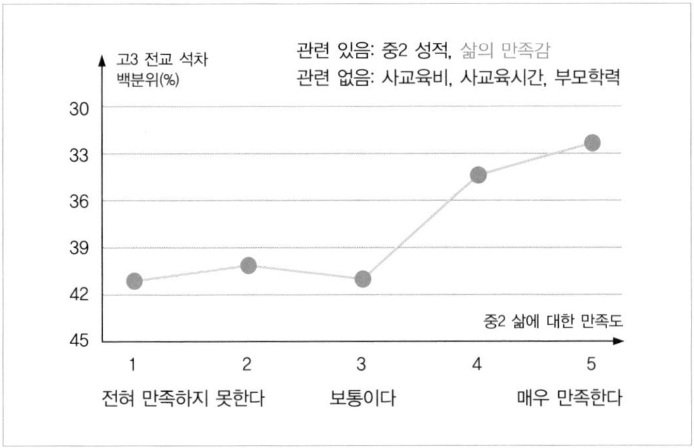

고3 학업성취 | 구재선·서은국(2012).

는 점이다. 결정적이리라 생각했던 모든 요인들을 제치고, 고3 때의 성적을 좌우한 것은 "아이들이 자신의 삶에 대해 얼마만큼 만족하는가"였다.

우리는 보통 몸이 건강하고 공부를 잘하면 인생에서 성공할 수 있다고 이야기한다. 또한 돈을 많이 벌면 행복할 것이라 생각한다. 하지만 심리학에서 행복에 대해 연구한 결과들을 살펴보면 그 반대의 방향이 성립되는 경우가 더 많다. 즉 행복한 사람들이 성적도 좋고 건강하며, 다른 사람들과 좋은 관계를 유지하면서 성공할 확률도 더 높다는 것이다. 민사고에서는 이 사실을 이미 알고 있었던 걸까. 그렇지 않았더라도 입시만큼이나 학생들의 정신건강을 중요시 여겼다는 점은 알 수 있다.

부모가 아이 심리만 이해해도 공부 스트레스를 덜 수 있다

이 책은 민사고에서 심리학 과목을 가르치고 실제 상담을 하며 심리학 전공자로서 느꼈던 점들을 정리한 것이다. 대부분은 수업에서 학생들에게 실제로 가르쳤던 내용이고, 또 개별 상담을 진행했던 학생들의 사례들이 중심이다.

가능하면 많은 학교에서, 그리고 무엇보다 가정에서도 학생들에게 행복을 가르치면 좋겠다. 아이들의 정신이 건강하고 행복할 때 학부모들이 그토록 걱정하는 성적도 자연히 잘 나올 수 있음을 기억하며. 아니 더 나아가, 대한민국의 많은 부모들이 성적보다는 자녀들의 행복 그 자체를 빌어주는 날이 오기를 바란다.

사실 민사고에서 경험한 이야기로 책을 낸다는 것이 아직도 쑥스럽다. 어쩌면 민사고와 학생들에 대해 간과하고 있거나 잘못 아는 부분이 있을지도 모른다. 그럼에도 책을 내는 이유는 민사고에서 가르친 행복 수업과 학생들의 상담 사례들이 독자들에게도 도움이 되기를 희망하기 때문이다.

첫 아기가 태어난 지 5개월 되던 달 출판사와 계약을 했고 그 후 지난 몇 개월을 무슨 정신으로 살았는지 모르겠다. 엄마와 시어머니를 비롯한 시댁 식구들의 도움, 그리고 남편의 지지 없이 이 책의 완성은 꿈도 꿀 수 없었다. 한 분 한 분께 진심으로 감사와 사랑의 마음을 드린다. 또 자신의 사례를 실을 수 있도록 허락해준 민사고 졸업생들에게도 인사를 전한다. 이 책이 아이를 키우는 학부모, 그리고 학생들에게 용기와 귀감이 되기를 진심으로 바란다.

차례

2장

‘무엇을’만큼 ‘왜’와 ‘어떻게’도 중요하다 : 진로와 선택 편

3장

관계 역시 배움의 영역이다 : 인간관계 편

1장

행복한 아이는 공부도 즐겁다

· 공부 편 ·

대부분의 아이들은 '공부'라는 말을 꺼내기만 해도 고개를 돌린다. 공부 이야기를 시작하기만 해도 "지겨워", "재미없어", "왜 해야 해?"라는 말을 자동으로 내뱉는다. 이상한 일이 아니다. 매일같이 반복하는 일은 원래 지루하기 마련이다. 그것이 의무로 느껴진다면 더더욱. 그 하기 싫은 공부, 조금이라도 더 즐겁게 하고 공부에 대한 생각을 재밌게 나눌 수 있다면 얼마나 좋을까. 이제부터 민사고 '심리학 교사'로서 아이들과 나누었던 공부 이야기들을 풀어보려 한다. 이 장을 모두 읽을 때쯤, 민사고 아이들이 즐겁게 공부할 수 있었던 이유를 찾을 수 있기를 기대한다. 공부의 의미와 재미를 동시에 잡는 심리학 교실로 들어가보자.

목표가 없어야 공부가 재미있다
/
과잉정당화 효과

민사고는 각 선생님에게 배당된 교실이 있다. 학생들은 자기 시간표에 따라 수업이 있는 교실을 찾아간다. 어느 날 다음 수업이 있기 전 잠시 자리를 비웠다 교실로 돌아와보니 칠판 한구석에 눈에 띄는 낙서가 있었다. 그런데 그 내용이 참, 흥미로웠다.

–선생님! 행복이 계속되면 거기에 내성이 생기나요?

–네네! 그런 것 같아요! 그래서 자신의 행복이 예전에 비해 얼마나 성취됐는지 흔히들 잊고 사는 거 아닐까요?

누군가가 써놓은 질문에 어떤 학생이 나름대로 답을 달아놓았다. 나는 누가 질문하고 누가 답을 썼는지 궁금했지만 묻지 않았다. 그저 고개를 끄덕이곤 수업을 시작했다. 그리고 그 일을 거의 잊었을 때쯤이었다. 2학년 1학기에 긍정심리학 수업을 들었던 진혁이가 2학기 때 상담 신청을 해왔다.

여기서 잠깐. 민사고에서 가르치는 긍정심리학 과목이 정확히 무엇인지 궁금할 것이다. 간단히 말하자면, '긍정적인 심리 측면'에 대해 공부하는 수업 시간이다.

심리학은 19세기 후반에 등장했다. 이전의 철학적 사유와 구별해 관찰과 실험이라는 과학적인 방법으로 인간의 심리를 탐구하는 심리학은 천문학, 물리학, 화학, 생물학, 생리학에 이어 마지막으로 탄생한 과학이다.

20세기 심리학자들은 제1, 2차 세계대전을 겪으며 인간의 부정적인 심리에 대해 주목했다. 주로 정신병리적 증상이나 비이성적 측면을 다뤘는데, 전쟁의 폐해가 그만큼 인간의 심리에 미치는 영향이 컸기 때문이다. 그러다 경제적으로 번영하고 전쟁에 대한 기억이 희미해진 20세기 말에 들어서야 비로소 심리학자들은 행복을 중심으로 한 회복탄력성이나 감사, 투지 등과 같은 인간의 긍정적인 심리에 관심을 갖기 시작했다.

민사고에서 가르치는 긍정심리학은 바로 이 긍정적 심리에 대해 배우는 심리학 수업이다.

‘수학 1등’의 놀라운 비밀

민사고는 학년이나 문·이과 경계 없이 수업을 선택해서 들을 수 있는 제도가 있다. 이 제도를 통해 AP심리학(미국의 AP시험을 준비하는 심리학개론과 비슷한 내용의 수업), 선택교과심리학, 긍정심리학 등의 수업을 듣는다. 그중 긍정심리학 과목은 2, 3학년을 위해 열려 있는 수업인데 다소 전문적인 내용을 다뤘다. 그래서 2학년 학생이 긍정심리학 수업을 들으면 3학년 선배들의 성적을 소위 ‘깔아주는’ 경우가 생겼다.

진혁이는 2학년이 되자마자 1학기부터 듣기 시작했으니 상당히 용기 있는 학생이었던 셈이다. 진혁이는 짐짓 목소리를 깔며 “선생님” 하고 중저음으로 말을 걸곤 했는데 그 정중한 태도와 달리 묘한 장난기가 느껴지는 아이였다. 그날 진혁이와의 대화도 진지했으나 한편으로는 재미가 있었다.

–선생님, 저 그때 처음 긍정심리학 수업을 듣고 나서 ‘두 가지’를 실천해보기로 맘먹었었어요. 하나는 결과보다는 과정에 초점을 맞추는 거였고요, 또 하나는 지금 하는 일에 몰입하고 순간을 즐겨보는 거였어요.

얼핏 듣기에는 새로울 것 하나 없는 목표였다. 하지만 그 어느 때보다 성적의 압박과 스트레스가 큰 고등학생에게는 결코 쉬운 일이 아니었다. 더욱이 전국 중학교에서 내로라하던 인재들이 모여 경쟁하는 민사고에서는 쉽지 않은 일이었다. 민사고 아이들은 대부분 언제 쉬나 싶을 정도로 공부량이 대단하며 그 틈틈이 동아리 활동까지 한다. 멀리서 밀려오는 파도에 대비해야 하는 서퍼처럼 과제와 퀴즈, 동아리와 학생자치 활동 사이에서 다양한 과제를 동시에 해내며 그 균형을 스스로 버텨낸다.

일과는 빡빡하기 그지없다. 6시 기상, 6시 30분 새벽 운동으로 하루를 시작해 아침 8시부터 이어지는 총 여덟 시간의 수업이 모두 끝나면 다시 밤 12시까지 자습을 한다. 물론 자습은 자율적이지만.

이런 환경이기에 순간 몰입해 즐기겠다는 진혁이의 다짐은 지켜지기가 힘들다. 동아리 활동을 하면서도 다음 날 치러야 할 퀴즈 내용이 담긴 쪽지를 손에 꼭 쥔 채 수업을 준비하는 아이들을 심심치 않게 볼 수 있다.

특히 국내 대학을 목표로 하는 '국내반'에서는 치열한 내신 경쟁 때문에 시험 점수 1점, 심지어는 0.5점 차이로 등급이 나뉘는 일이 허다했다. 작은 점수 차이로 등급이 갈리니 아이들은 시험 점수와 결과에 예민할 수밖에 없었다. 민사고에 입학하기 전까지만 해도 거의 항상 1등 자리를 유지하며 큰 좌절감이나 박탈감 없이 공부해왔던 아이들은 여태껏 느끼지 못했던 감정을 이때 느끼게 된다. 진혁이도 그런 아이들 중 하나였다.

–당장 눈앞의 점수에 연연했어요. 다들 너무 잘하니까 초조하기도 했고요. 이러다 자꾸 뒤처지는 게 아닌가 생각했거든요. 근데요, 선생님의 심리학 수업을 듣고 나서 공부하는 내용 그 자체를 즐겨야겠다고 생각했어요. 우선은 제일 어려운 수학부터요.

경쟁이 심한 국내반 내에서 당장 성적 관리하기에도 빠듯할 텐데 과정을 즐긴다니! 수학은 민사고 아이들조차 가장 힘들어하는 과목이었다. 수학 때문에 진로를 바꾸는 경우도 있을 정도다. 말이야 쉽지 즐긴다는 게 현실적으로 이곳에서 가능할까 싶었다.

하지만 결과는 정말 놀라웠다. 긍정심리학을 들었던 학기, 진혁이는 보란 듯 국내반 이과 학생들 중에서 수학 1등을 했다. 공부법을 바꾼 것도, 공부 시간을 늘린 것도 아니었다. 이전까지 평범한 수학 성적을 거두던 진혁이가 심리학 수업을 들으며 유일하게 바꾼 것은, 수학을 대하는 마음가짐뿐이었다.

꼴찌만 면해도 잘했다고 말할 수 있는 민사고에서, 그것도 이과에서 수학 1등을 하다니! 믿기 힘든 일이었다.

–선생님, 저에게 2학년 1학기는 민사고에서 가장 행복한 시간이었어요.

진혁이는 그때 1등이라는 성적보다 더 중요한 '행복'을 얻었다고 했다. 좋은 성적은 노력하면 받을 수 있지만, 2학년 1학기는 한 번 지나가면 돌아오지 않는다. 진혁이는 그 학기 좋은 성적과 함께 행복한 추억을 얻었다.

여기서 이야기가 끝났다면 참 아름다운 결말이었을 텐데, 문제는 그다음이었다.

부모의 보상이 때론 자녀의 의욕을 꺾는다

그 후 진혁이는 행복과는 먼 학기를 보냈다. 1등의 기쁨을 맛본 진혁이는 그전보다 더 성적에 집착했다. 집착하는 순간 진혁이는 '몰입하고 즐기는 공부'에서 거리가 멀어졌다. 수학 퀴즈 점수 1점에 애가 탔고, 경쟁하는 친구와 맘속으로 자신을 비교해가며 일희일비했다. 직전 학기만 해도 행복하게 공부하며 1등 자리까지 덤으로 거머쥐었는데 유지는커녕 허탈하게도 정반대로 변해버린 상황이었다.

심리학에서 이야기하는 재미있는 현상 중 '과잉정당화 효과'라는 것이 있다. 어떤 일을 사심 없이 즐기는 사람에게 그 일에 대한 '외적 보상'을 주기 시작하면, 원래의 즐거움이 사그라지는 현상이다.

심리학에서는 어떤 행동에 주어지는 보상을 외적 보상과 내적 보상으로 나눈다. 먼저 내적 보상이란 어떤 일을 하는 그 자체에서 얻는 즐거움을 말한다. 반대로 외적 보상은 이러한 즐거움을 제외한 모든 종류의 보상을 말한다. 예컨대 성적이 잘 나왔을 때 교사나 부모로부터 받는 칭찬, 용돈, 선물 등이 모두 외적 보상에 포함된다. 이것을 다시 칭찬 같은 언어적 보상과 용돈, 선물 같은 물질적 보상으로 나누기도 하지만 아이의 행동을 어떤 방향으로든 '통제'하려는 목적이라면 그 결과는 대체로 비슷하다.

사람 심리라는 것이 참 묘하다. 이미 스스로 재미있게 하고 있는 일에 대해 외부에서 보상을 주기 시작하면 그 일에 대한 흥미를 잃기 시작한다. '즐거움'이 있는 사람에게 외적 보상이 주어지면, 자신이 그 일을 하는 이유가 보상에 있다고 착각하게 된다. 이것이 과잉정당화 효과다. 그리고 이는 어른보다 아이에게 더욱 큰 영향을 미친다. 다음은 과잉정당화를 설명할 때 심리학 교재에서 종종 등장하는 예화다.

자신의 집 앞에서 시끄럽게 떠들며 노는 아이들 때문에 골머리를 앓는 할아버지가 있었다. 아무리 조용히 해달라고 소리쳐도 아이들은 말을 듣지 않았다. 그날도 어김없이 집 바로 앞에서 소동을 피우는 아이들을 불러 모아놓고 할아버지는 한 가지 제안을 했다.

"사실 너희들이 여기서 뛰어놀며 활기찬 분위기를 만들어주니 무척 고마웠단다. 그동안 여기 와서 놀지 말라고 해서 서운했지? 자, 각자 천 원씩 용돈을 줄 테니 앞으로도 큰 소리로 떠들면서 놀아주렴."

그 후 할아버지는 매일 천 원씩 나눠주기 시작했고, 이게 웬 떡이냐 싶은 아이들은 더 신나게 놀았다. 그리고 며칠 후 할아버지는 다시 아이들을 모아놓고 말했다.

"요즘 사정이 힘들어져서 아무래도 천 원씩 주는 건 무리구나. 앞으로는 오백 원씩 줄 테니 재미있게 놀거라."

예전보다 못하지만 아이들은 오백 원도 괜찮은 거래라고 생각했다. 그렇게 또 며칠을 즐겁게 놀던 아이들에게 할아버지가 말했다.

"미안하지만 백 원씩 줄 수 있을 것 같은데. 그래도 여기서 계속 놀아줄 거지?"

그러자 아이들은 천 원까지 받았는데 기껏 백 원 때문에 이곳까지 와서 놀아줄 수는 없다고 화를 내며 돌아갔다. 이후로 아이들은 다시는 할아버지 집 앞에 모이지 않았다. 마침내 할아버지는 평화를 얻었다.

할아버지는 아이들이 뛰놀면서 느끼는 순수한 즐거움을 금전적 보상으로 대체한 후 그 보상을 줄여나감으로써 아이들이 노는 것 자체에 흥미를 잃도록 만든 것이다. 많은 학부모와 교사들이 예화 속 할아버지와 같이 행동을 한다. 차이가 있다면 그 목적이 공부와 진로라는 것뿐이다.

심리학은 증명의 학문이다. 과잉정당화 효과 또한 많은 연구를 통해 증명된 바 있는데, 이번에는 그중 유치원생들을 대상으로 한 실험을 살펴보자.

연구자는 그림 그리기 놀이를 즐겨하는 유치원생 아이들을 모아놓고 세 그룹으로 나눴다. 첫 번째 그룹에게는 그림을 잘 그리면 금색 도장과 리본으로 장식된 상장을 주겠다고 일러두었다. 두 번째 그룹에게는 애초 상장에 대한 언급 없이 그림 활동을 하게 한 뒤 상장을 주었고, 마지막 그룹에게는 상장에 대한 언급을 하지도 않았고 상장을 주지도 않았다. 결국 그림을 그리는 동안 이에 대한 외적 보상을 예상할 수 있는 그룹은 첫 번째 그룹이 유일했다.

1, 2주가 지난 뒤, 이 그룹들 간에 어떤 차이가 있는지 관찰했다. 연구자들은 자유시간이 주어졌을 때 첫 번째 그룹 아이들의

그림 그리기 시간이 다른 두 그룹의 아이들보다 절반 가까이 줄어든 것을 볼 수 있었다. 상장을 받기 위해 당장은 그림을 더 열심히 그리는 듯했지만 장기적으로는 아이들이 활동에 흥미를 잃었다.

실험에서처럼 어떤 과목이 재미있어 열심히 하다 보니 좋은 성적을 낸 아이에게 "잘했다"며 선물을 사주는 부모들이 있다. 하지만 부모의 선물에 기대면 아이는 점점 공부 자체에 대한 흥미를 잃는다. 시험에서 몇 점 이상을 받아오면 원하는 것을 해주겠다는 식의 딜을 먼저 제시하는 부모는 이보다 더한 경우다. 아이가 공부를 순수하게 즐길 기회를 박탈하는 것이나 다름없기 때문이다. 좋은 결과에 대한 칭찬 또한 마찬가지다. 공부에 더욱 매진시키기 위한 보상이 오히려 아이에게 독이 될 수도 있다. 결과를 보고 아이를 치켜세우면 도전의식과 열정이 있던 자리에 보상심리가 자란다. 무엇을 하든 그것은 목적이 아닌 수단이 된다.

과정이 행복할 때 찾아오는 행운 같은 결과

민사고가 완벽한 학교라고 자화자찬하고 싶진 않다. 다만 그곳에서 근무하며 한국에서 이토록 멋진 학교는 또 없을 것 같다고 느끼게 해줬던 것은 바로 교훈이었다.

민족 주체성 교육으로 내일의 밝은 조국을.

출세를 위한 공부를 하지 말고 학문을 위한 공부를 하자.

출세를 위한 진로를 택하지 말고 소질과 적성에 맞는 진로를 택하자.

이것이 나의 진정한 행복이고 내일의 밝은 조국이다.

단순히 '대학 잘 가려고' 민사고에 오는 학생들도 많고, 좋아하는 순수학문을 공부하고 싶은 자녀에게 무조건 '의대'만을 고집하는 부모들도 많다. 제아무리 민사고라 해도 한국의 교육 현실에서 동떨어질 수는 없기에 일류대에 많이 진학시키지 못하면 학부모들에게 외면당하기 마련이다. 이런 사실은 민사고도 잘 알고 있다. 그럼에도 불구하고 민사고는 학교의 정체성과도 같은 교훈을 따르기 위해 무던히 고민하고 애썼다. "출세를 위한 공부를 하지 말고 학문 그 자체를 위한 공부를 할 때, 진정으로 행복할 수 있고 또 좋은 성과를 거둘 수 있다. 그리고 내가 일군 좋은 성과로 조국에 보탬이 되자." 과잉정당화 효과를 통해 배울 수 있는 바를 이보다 더 멋지게 교육철학으로 녹여낼 수는 없을 것이다.

졸업 후 연락이 닿은 진혁이는 한층 의젓해져 있었다. 도전했던 행정고시에 합격했다는 소식을 전하며 진혁이는 고등학교 시절을 이렇게 되돌아봤다.

–이런저런 일들이 있었지만 급하게 마음먹지 않고, 하고 싶고 재미있다고 느껴지는 것을 했을 때 가장 결과도 좋았던 것 같아요.

생각만큼 대학 입시 결과가 좋지 않았던 것은 고3 때 조급한 마음에 입시 전략 찾기에만 급급했던 것이 원인이었고, 행정고시에 합격할 수 있었던 것은 반대로 그 공부 내용을 즐기며 했기 때문이었다고 진혁이는 말했다. 현실성 없어 보이더라도 하고 싶은 것을 했을 때, 그것이 나중에는 어떤 방식으로든 도움이 되어 돌아온다는 것을 경험했다는 이야기도 덧붙였다. 호기심에 수강했던 과목이 준비하던 시험에서 지문으로 나와 문제를 훨씬 수월하게 풀 수 있었다거나, 면접에서 자신만의 경험을 말할 수 있었다는 식으로 말이다.

법륜 스님의 〈희망편지〉에 이런 내용이 있다.

> "결과에 연연하지 않으면 과정에서 이미 행복하다."

과정에서 행복을 느꼈던 사람은 이미 그 자체로 충분한 보상을 받은 것이나 다름없다. 물론 아쉬운 결과를 좋아할 사람은 없지만, 조금은 가볍게 그 결과를 받아들일 수 있다.

보상이나 결과에 집중하면 과정은 그 빛을 잃는다. 우리 아이들은 무엇을 위해 노력하고 있을까? 성적을 위해, 물질적인 보상을 위해, 혹은 인정받기 위해 공부하고 있다면 그 공부가 진심으로 재미있게 느껴질 리가 없다. 보상이 주어지지 않아도 그 자체로 재미있는 일은 없을까? 배우며 느끼는 즐거움을 혹시 우리가 앗아가고 있는 건 아닐까? 이제라도 깊이 생각해볼 일이다.

'남'과 경쟁하는 아이 vs '나'와 경쟁하는 아이

/

제로섬과 윈윈 게임

민사고는 학생이 진학하고자 하는 대학이 국내 대학이냐, 외국 대학이냐에 따라 국내반과 국제반으로 나뉜다. 그리고 목표로 하는 진로에 맞게 학생 스스로 과목을 선택해 공부할 수 있도록 한다. 심리학은 선택 과목 중 하나로 학생들은 학년과 문·이과 경계 없이 모두 들을 수 있는데 학생들은 같이 수업을 듣더라도 국내반, 국제반 소속에 따라 성적이 다르게 산출된다.

즉 같은 수업 내에서 소수 정예 토론식 수업을 하더라도 국내반 아이들의 성적은 '등수'가 매겨지는 상대평가로, 국제반 아이들의 성적은 '점수'로 주어지는 절대평가 방식으로 이뤄진다. 우리나라 교육 시스템의 문제 중 하나로 상대평가가 거론되는 것은 어제오늘의 일이 아니다. 나는 내가 맡은 심리학 수업에서 국내반과 국제반의 시스템을 동시에 겪으며 이러한 성적 평가 방식이 아이들의 정서와 태도, 마음가짐에 얼마나 많은 영향을 끼치는지 생생하게 볼 수 있었다. 그 차이를 가장 적나라하게 느꼈던 것은 부임 후 두 번째 학기 긍정심리학 수업 때였다.

당시 나는 상대방에게 좋은 소식을 들었을 때 그 반응하는 모습에 따라 그 사람의 행복 수준을 예측할 수 있다는 연구를 소개하기 위해 다음과 같은 질문을 했다.

–"나 수학 퀴즈에서 만점 받았어!"라든지, "좋아하던 친구에게 고백받았어!"라는 친구 말에 여러분은 어떻게 반응해줄 것 같나요?

그때 한 학생이 조용히 손을 들고 말했다.

–국내반과 국제반 친구들을 나눠서 말해보겠습니다. "와, 만점? 잘됐다! 축하해!"라든지, "어떻게 고백받았는데?" 같은 반응은 국제반 친구들 사이에서 예상되는 반응이고요. "야, 조용히 좀 해줄래? 나 내일 퀴즈 있거든!" 같은 말은 국내반

친구들이 할 것 같아요.

꽤 냉소적인 답에 국내반 아이들이 다수였던 교실 분위기가 갑자기 조용해졌다. 감추고 싶은 단점을 나에게 들켜버려 당황스럽고 불편해하는 눈치랄까. 나는 이때 처음으로 국내반과 국제반 사이에 존재하는 묘한 이격을 알게 됐다. 국내반 아이들이 특별히 못되고 욕심이 많아서일까? 당연히 아니다.

소수 정예의 토론식 수업을 하며 학문의 즐거움을 강조하는 민사고라 할지라도 결국 국내 좋은 대학에 학생들을 보내야 하는 이상 줄 세우기를 피할 수 없다. 뒤에서부터 칼같이 잘라내는 시스템 속에 있는 국내반 학생들은 응당 날선 경쟁을 할 수밖에 없었다.

비교에서 벗어나면 '자기 공부'가 가능하다

전국에서 나름 최고의 영재라는 아이들이 모여 있는 학교에서 '네가 이기면 내가 지는' 제로섬 게임을 친구들과 해야 하니 여유 같은 게 있을 리 없었다. 국내반 학생들에게는 새로운 것을 알아가는 즐거움보다 이겨야 한다는, 아니 그보다는 하위권으로 밀리면 안 된다는 불안감이 앞섰다.

제로섬 게임을 하지 않아도 되는 국제반의 분위기는 달랐다.

과제와 발표를 버거워하기는 마찬가지였지만, 국제반 학생들에게는 남다른 생기가 있었다. 남을 개의치 않고 자기 공부를 했고, 남는 시간에는 자기만의 색깔을 찾는 다양한 활동에 전념했다. 확실히 활기가 느껴졌고, 각자의 방식으로 반짝거렸다. 상담을 해보면 은근한 견제와 눈치싸움이 엿보이곤 했던 국내반 학생들과 달리 국제반 학생들은 교우관계에 있어서도 솔직담백했다. 성적이 떨어져 힘들어하는 친구에게 '나는 얘보다 낫다'는 꺼림칙한 안도감 없이 진심으로 위로해주었고, 당연히 친구가 좋은 성적을 받았을 때 더없이 기뻐해주었다.

제로섬과 윈윈 게임은 경영 현장에서 많이 사용되는 용어다. 재화나 서비스를 필요로 하는 시장의 크기가 더는 커질 수 없을 때, 기업들은 시장 내에서 제로섬 게임을 한다고 말한다. 한마디로 '내가 더 가지면 너는 그만큼 빼앗기는' 게임으로, 민사고에서는 국내반 아이들이 친구들과 해야만 했던 게임이다. 하지만 함께 시장을 키워나갈 수 있고, '나도 이기는 동시에 너도 이길 수 있다'면 윈윈 게임이 가능해진다. 노력을 통해 시장을 키워나가며 '너와 내가 모두 잘될 수 있는' 게임을 할 수 있다. 세상을 움직이는 게임의 법칙이 실제로 제로섬인지 윈윈인지에 대해서는 밤샘 토론을 해도 명확히 결론 내릴 수 없을 것이다. 우리는 각자 가지고 있는 믿음에 의해, 그 믿음에 따라 살아갈 뿐이다.

한국 교육은 '평가'라는 명분을 내세워 이제 막 세상을 알아가는 아이들에게 '세상은 뺏고 빼앗기는 곳'이라는 강력한 믿음을 만들어준다. 1등을 위해 나머지 모든 아이들이 그 밑을 '깔아줘야' 한다면, 친구의 행복은 나의 불행이고 나의 행복은 친구의 불행일 수밖에 없다. 어떠한 믿음을 갖춰가는가는 아이들의 인생을 좌우할 수 있는 중요한 문제다. 믿음은 행동양식에서부터 어떤 감정을 어떤 방식으로 느끼는가에 이르기까지 다방면에 강력한 영향을 미친다. 우리가 어떻게 생각하고 느끼는지, 그리고 어떻게 행동하는지의 큰 부분이 우리의 무의식적인 믿음으로부터 파생된다.

'친구의 행복이 곧 나의 불행'이라고 생각하는 것은 이 세상에 존재하는 행복의 양이 한정돼 있다는 믿음에서 온다. 연세대학교 구자영·서은국 교수의 연구팀은 2007년 한국의 상대평가식 성적 시스템과도 관련 있는 믿음 하나를 살펴보기로 했다. 바로 '행복의 양은 한정돼 있다는 믿음Belief in Fixed Amount of Happiness: BIFAH'이다.

> 이 세상에는 자원(예: 석유)과 같이 한정된 양의 행복이 있다.
>
> 내가 행복하다면 이 세상 어딘가에 그로 인해 불행한 사람이 있다.
>
> 내가 행복하면 남들이 누릴 수 있는 행복은 내 몫만큼 감소할 것이다.

행복의 양이 한정적이라고 믿는 사람들은 어떤 특성을 보일까? 연구 결과에 의하면 이들은 더욱 경쟁적이었고, 다른 사람들과 자신을 더 많이 비교했으며, 호감이 가지 않는다는 타인의 평가를 더 자주 받았다. 그리고 무엇보다, 이 믿음을 강하게 가진 사람일수록 더 불행했다.

타인과 경쟁하고 자신을 비교하는 삶은 행복하지 않은 사람들의 전형적인 모습이다.

'엄친아 1등'은 정말 행복할까

'엄친아'라는 말은 남과 나를 비교하는 습관에서 태생했다. 이는 곧 "너는 왜 그 친구처럼 못하니?"로 연결된다. 얼굴 한 번 본 적 없는 엄마 친구의 아들에게 우리는 성적에서부터 학교, 직장, 연봉, 결혼 상대, 심지어는 이번 명절 때 부모님께 얼마의 용돈을 드렸는지까지 낱낱이 비교당한다. 동창, 친구의 친구, 얼굴도 잘 기억나지 않는 전 직장 동료, 더 가서는 소셜 미디어로 알게 된 지구 반대편에 있는 누군가와도 나의 처지를 저울질해볼 수 있는 세상이다. 남들과 비교하는 것은 인간의 본능일까? 아니면 발달된 인지기능이 불러온 부작용일까? 어느 쪽이든, 살면서 단 한 번도 자신을 다른 사람과 비교해보지 않은 사람은 없을 것이다. 다음과 같은 상황을 함께 생각해보자.

당신은 어제 회사에서 주어진 주제에 대한 발표를 참 잘했다는 칭찬을 들었다. 그런데 상사가 한마디 덧붙였다. 동료 A보다는 조금 아쉬웠다는 평이었다. 한 주가 지났다. 또 다른 새로운 주제에 대한 발표를 마친 가운데, 상사로부터 처음부터 좀 아쉽다는 이야기를 듣는다. 하지만 이번에는 A보다는 잘했다는 이야기를 붙인다. 당신은 어떤 말을 들었을 때 기분이 더 좋은가?

《행복도 연습이 필요하다The how of happiness》를 저술한 캘리포니아대학교 소냐 류보머스키 교수는 실험에 참가한 사람들에게 어떤 과제를 수행하게 한 후 두 가지의 피드백을 주었다. 절대적인 기준에서는 잘했지만 누군가와 비교했을 때에는 상대적으로 부족하다는 피드백과, 절대적인 기준에서는 다소 부족했지만 상대적으로 봤을 때에는 잘했다는 피드백이었다. 연구팀은 행복하다는 사람들과 상대적으로 불행하다는 사람들을 나누어 두 가지 피드백에 반응하는 패턴을 살펴보았는데, 그 결과가 무척 놀라웠다.

불행하다고 생각하는 사람들에게 절대적인 기준은 중요하지 않았다. 그보다 중요한 것은 자신이 다른 사람보다 우위에 있는가였다. 반면 행복하다고 생각하는 사람들은 상대보다 좋든 나쁘든 개의치 않았다. 그들은 자신에 대한 절대적인 평가를 기준 삼았다. 행복한 사람들은 다른 사람과의 비교에 큰 의미를 두지 않는 것이다.

대부분 더 행복하거나 덜 행복한 것은 그 사람이 어떤 부모를 만나 어떤 유전자와 기질을 타고 태어났는가, 돈은 얼마나 벌고 있는가, 어떤 사람들을 만나 어떤 모습으로 함께 살아가고 있는가, 어떤 직업을 가지고 어떤 직장에 다니고 있는가 등 개인의 환경에 따라 달라진다고 믿는다.

그런데 행복 수준을 개인의 환경에서만 찾을 수 있을까? 심리학의 답은 '아니오'다.

행복에 대해 오랜 기간 동안 꾸준하고 일관되게 검증해온 연구 결과 중 하나는 바로 어떤 사회에 속해 있느냐에 따라 사람들의 평균적인 행복 수준이 달라진다는 것이다. 개인이 주관적으로 느끼는 행복의 큰 부분은 그 사회가 가진 게임의 법칙이나 구조, 그리고 사회가 갖춘 자원 등에 달려 있다. 사람들을 평가하고 그에 대해 보상하는 방식 또한 개인의 행복에 지대한 영향을 미친다. 민사고에서 국내반과 국제반 학생들이 고등학교 시절을 각기 다른 방식으로 살아가고, 다르게 기억하는 것처럼 말이다.

대한민국이 행복한 나라가 되기 위해서는 우리 사회의 문화와 구조가 사람들이 행복한 삶의 방식을 가질 수 있는 방향으로 변화되어야 한다. 그중 가장 시급한 일이 우리가 자라나는 아이들을 대하는, 즉 평가하는 태도를 바꾸는 것이다. 아이들을 경쟁으로 몰아넣고는 살아남으라고 채찍질하는 교육 패러다임에서 하루 빨리 벗어나야 한다. 그리고 뒤처지는 아이들에게 패배의식과 열등감을 심어주어서도 절대 안 된다.

'엄친아 1등'은 훗날 부모가 원하는 고액 연봉의 안정적인 직장에 들어갔다고 해서 과연 행복할까? 내가 본 많은 경우는 결코 그렇지 않았다. 무엇보다 어려서부터 뺏고 빼앗기는 경쟁에 익숙해진 아이들은 건강하고 행복한 마음의 습관을 가지기 어려워 보였다. 이런 시스템 안에서 길러진 아이들이 엄친아 따위는 내 인생과 무관하며 나는 나대로 행복하고 멋지게 살 수 있다고 생각하는 사람이 될 수 있을까? 우리는 아이들로 하여금 제로섬 게임이 아닌 윈윈 게임을 할 수 있게 해줘야 한다. 요원한 이야기일까? 아니다. 이미 많은 나라에서는 줄 세우기 교육을 더 이상 하지 않는다.

자원과 행복이 한정되어 보이는 상황에서 우리의 고민은 서로 다른 방향을 향할 수 있다. 첫째는 그 한정된 자원과 행복을 "어떻게 하면 남들보다 더 많이 가져올 수 있을까"에 대한 고민이고, 둘째는 "어떻게 하면 파이의 크기를 키워나갈 수 있을까"에 대한 고민이다.

우리는 무엇을 고민해야 할까? 다수가 어떤 고민을 하는지에 따라 우리의 삶은 달라질 것이다. 치열한 경쟁 속에서 우리는 한정된 자리, 한정된 자원을 놓고 서로 싸우기만 하는 것 같지만 인류의 역사는 서로 나눠 먹을 수 있는 파이의 크기를 계속해서 키워나가며 발전해왔다.

세상은, 그리고 행복은 실제로 윈윈이라는 게임의 법칙을 순리대로 따르고 있다고 믿어도 좋지 않을까.

공부한 만큼 성적이 나오지 않는다면

/

시험불안과 노출치료

민사고에서 심리학 교과 담당 교사였던 나는 진학상담부 상담 교사로 역할하기도 했다. 심리적으로 많이 불안해 보인다거나 어떤 계기를 통해 꼭 상담이 필요해 보이는 학생이 상담 교사인 내게 보내졌다. 하지만 내게 상담을 청해오는 학생들은 대개 심리학 수업을 들으며 가까워진 후에 자신의 고민과 속내를 털어놓고 싶어 스스로 찾아왔다.

혁이에게 상담 요청을 받았을 때 실은 좀 의외라고 느꼈다. 심리학 수업을 들었던 적도 없었고 따로 친분도 없었기 때문이다. 혁이에 대해 아는 것이라고는 물리를 굉장히 잘한다는 점뿐이었다. 혁이의 고민은 간단했다.

–선생님, 저는 물리를 좋아해요. 과목 자체에 자신도 있고 재미도 있어요. 그런데 시험만 보면 생각만큼 점수가 나오질 않아요. 시험지가 눈앞에 있으면 그동안 열심히 공부했던 것도 하나도 기억이 안 나고 정말 아무 생각도 안 나요.

전형적인 '시험불안'이었다. 시험을 앞두고 긴장되고 불안한 마음을 느껴보지 않은 사람이 과연 얼마나 있을까? 불안은 인간의 가장 기본적인 감정 중 하나다. 일반적으로 '불안'이라고 하면 어떻게든 없애거나 줄여나가야 하는 부정적인 것으로 생각한다. 불안을 느끼는 것은 분명 불편한 일이다.

하지만 불안이나 공포 등은 우리가 살아가는 데 없어서는 안 되는 감정들이다. 위험이 눈앞에 있을 때, 가령 호랑이가 바로 앞에 있는데도 전혀 공포를 느끼지 못한다면 인간이라는 종은 이미 오래전 멸종했을 것이다. 호랑이가 무섭지 않다면 굳이 도망갈 필요성도 느끼지 못할 것이기 때문이다. 심리학에서는 감정을 곧 '생존을 위한 적응의 산물'로 보고 있다.

시험불안을 떨치는 네 가지 방법

현대사회에서는 갑자기 호랑이가 나타나 목숨을 위협하는 일은 거의 일어나지 않는다. 그럼에도 불구하고 많은 사람들은 마치 호랑이를 눈앞에서 보고 있는 것 같은 불안이나 공포를 느낀다.

학생이라면 가장 부담스럽고 피하고 싶은 일이 시험일 것이다. 다음은 심리치료 기관들이 제시한 '시험불안을 떨칠 수 있는 방법' 중 자주 언급되는 네 가지다. 효과가 입증된 좋은 방법들이니 만약 자녀의 시험불안으로 걱정된다면 알려주면 좋겠다.

1. 불안 인정하기

감정 그대로를 받아들이고 스스로에게 '불안해도 괜찮다'고 말해주는 것이다. 불안이라는 감정이 그 자체로 부정적이지 않음을 이해하는 게 도움이 될 수 있다.

2. 원인 찾기

시험이 감당하기 힘들 정도의 불안을 일으키는 근원적인 이유를 탐색해보고 명료화하는 것이다. 예를 들어, 부모님이나 선생님이 용납하지 않는다거나 시험을 망치면 내 인생도 그 길로 망할 것만 같다는 생각 등 유독 시험 앞에서 불안한 상태가 되는 원인을 찾아본다.

3. 생각 전환하기

시험을 망치면 내 인생도 곧 망한다는 부정적인 생각이 혼자

만의 착각임을 깨닫고 다르게 생각해보는 것이다. 때론 멘토나 인생 선배의 이야기를 찾고 들어보는 것이 생각의 방향을 바꾸는 데 도움을 줄 수 있다. 불안으로 가득 차버린 감정을 전환하는 방법은 사람마다 다르다. 음악을 듣거나 운동을 하거나 좋아하는 영상을 보는 등 말 그대로 기분 자체를 바꿔보자.

4. 호흡법 바꾸기

불안이라는 감정은 다가올 위험을 미리 감지하고 그에 대비할 수 있도록 하는, 생존에 없어서는 안 될 기능을 한다. 이때 불안은 특정한 신체 변화를 유발하는데, 심박수가 빨라지고 근육이 긴장하며 몸이 각성된다. 갑자기 불안하다면 깊고 큰 호흡을 통해 굳은 몸을 안정적이고 여유로운 상태로 되돌림으로써 불안을 극복할 수 있다. 호흡법이라는 거창한 단어를 쓰지 않아도 우리는 무의식적으로 불안할 때 숨을 크게 들이마시고 내쉰다. 우리 몸은 불안을 이겨내는 가장 효과적인 방법을 스스로 터득하고 있다.

당장 시험을 앞두고 있는 혁이에게 이 네 가지 방법을 소개하기에는 사실 좀 촉박했다. 혁이에게 불안을 인정하고, 생각을 바꿔, 맘을 편히 먹고, 숨을 크게 쉬어보라고 조언해주는 것은 "무조건 잘될 거야!" 같은 위로처럼 막연하고 공허한 일이었다. 변화를 기다리기 전에 빠르게 효과를 볼 수 있는 어떤 방법이 필요했다.

시험불안을 극복하고 자기 실력대로 시험을 보는 결정적 방법은 의외로 간단하다. 결국 시험을 최대한 '연습'해보는 것이다.

"연습은 실전처럼, 실전은 연습처럼"이라는 말이 있다. 명연설가로 알려진 오바마 미국 전 대통령은 연설을 앞두고 리허설을 철저히 했던 것으로 유명하다. 이를 시험에 적용하는 것이다. 관건은 최대한 실제 시험과 같은 환경을 만드는 데 있다. 우선 시험지와 유사한 용지를 구한다. 그리고 시험장과 비슷한 장소에서 시험문제에 가까운 유형들을 시험시간 내에 풀어본다. 핵심은 최대한 시험 보는 날과 비슷한 분위기를 조성해놓고 리허설해보는 것이다. 물론 사전에 시험공부를 충분히 해야 하는 것은 기본이다.

혁이는 이 '연습'을 꽤나 열심히 해봤던 모양이다. 중간고사를 치른 후 마주친 혁이는 나에게 효과를 보았다며 씩 웃어 보였다.

노출치료의 핵심은 피하지 않고 부딪치는 것

앞서 나온 방법은 불안이나 공포심을 유발하는 모든 대상에 적용해볼 수 있다. 일상생활이 어렵거나 전문가의 도움이 필요한 정도의 심리적 '장애'에 이르지 않은 정도라면, 나는 혁이에게 적용했던 방법을 권하고 싶다. 심리학에서는 '노출치료'라고 명칭하는데 발표 혹은 면접을 앞두고 있거나, 소소하게는 낯을 심하게 가리는 경우에도 이 방법을 써볼 수 있다.

노출치료는 말 그대로 불안이나 공포의 대상이 되는 자극에 자신을 지속적으로 노출시키는 것이다. 예컨대, 거미만 보면 이성적인 사고가 중단되고 호흡이 가빠져 숨 쉬기 곤란한 지경에 이르는 '거미 공포증'이 있다면, 거미를 접하는 동시에 이완을 시킴으로써 거미를 보고도 비합리적인 공포를 느끼지 않도록 만드는 것이다. 처음에는 가볍게 거미 사진부터 시작해 점차 실제 거미를 보여주면서 점진적으로 자극 노출을 반복하는 방법이 좋다.

심리치료의 새로운 지평을 연 '인지행동치료'의 아버지 격이며 미국 심리학회에서 가장 영향력 있는 심리학자로 선정된 알버트 엘리스 박사는 노출치료 개념이 존재하기도 전에 이 방법을 자기 자신에게 적용했다. 대인공포증이 심하고 특히 여성 앞에서는 말도 못할 정도로 수줍음을 많이 타던 열아홉 살의 엘리스 박사는 어느 날 자기 자신에게 스스로 과제를 부여했다. 한 달 안에 백 명의 여성에게 데이트 신청을 해보자는 것이었다. 그는 실제로 한 달 동안 이 과제를 수행했지만 데이트에 응해준 사람은 백 명 중 단 한 명도 없었다. 엘리스 박사에게는 참으로 안쓰러운 결과이긴 하나 과제 자체만 봤을 때는 완벽한 성공이었다. 이를 통해 여성으로부터 거절당하는 것에 대한 불안과 두려움을 극복할 수 있었기 때문이다. 부딪혀보니 거절당해도 세상이 무너지는 듯

한 큰일은 일어나지 않았다.

25년 넘게 불안장애를 안고 살아온 미국의 한 경제지 기자 앤드리아 피터슨이 자신의 경험을 담담하게 그려낸《불안에 대하여On Edge》라는 책이 주목받은 바 있다. 앤드리아 피터슨은 불안장애의 가장 큰 위험요소로, 여성으로 태어난 것을 꼽았다. 통계에 의하면 여성이 남성보다 불안장애를 겪을 가능성이 두 배가량 높은데, 이는 남자아이와 여자아이를 대하는 '태도의 차이'에서 비롯된다는 것이다. 우리 사회는 남자아이가 두려움을 느낄 때에는 "극복할 수 있다" 혹은 "극복해야만 한다"는 메시지를 주는 반면, 두려움을 느끼는 여자아이에게는 "무서우면 하지 말라"는 메시지를 주며 보호하려 든다. 남자아이들은 자라나며 자연스럽게 노출치료를 받는 셈이지만, 여자아이들은 아예 이런 기회를 차단당한다고 저자는 말한다.

불안감이나 공포심은 예상할 수 없고 익숙하지 않은 영역에서 나타나기 마련이다. 도전하는 삶이 무조건 좋다고 말할 수는 없다. 하지만 다소 두렵더라도 자라나는 아이들에게는 성별을 가리지 않고 그에 맞게 성장할 기회가 주어져야 한다.

앤드리아 피터슨은 불안장애가 나타났던 대학교 1학년 시절, 심장이 걷잡을 수 없이 뛰어 곧 죽을 것 같다는 생각에 고향 집 소파에서 떠나지 않으려 했다. 그렇게 몇 달을 두고 보던 부모님은 신학기가 되자마자 피터슨을 다시 학교에 억지로 보내버렸다. 당시 피터슨은 이 일로 오래간 부모님과 사이가 좋지 않았지만 돌이켜보면 두 분의 판단이 옳았다고 회고했다. 불안해하는 아이를 당장 안심시키기 위해 안전한 곳에서만 머물게 하는 것은 결국 아이를 더욱 불안에 취약하게 만드는 것이기 때문이었다.

혁이는 시험 현장과 같은 시뮬레이션에 자신을 미리 노출함으로써 좀 더 편안한 마음으로 실제 시험에 임할 수 있었다. 만약 아이가 사람을 대하기 어려워하거나 유달리 떠는 경향이 있다면, 더 다양한 사람들을 만날 기회를 적극적으로 열어주는 일종의 노출치료를 계속해주어야 한다. "훗날 좋아지겠지", "지금은 학교 공부만으로도 바쁜 시기인데" 하며 아이를 그대로 둔다면, 어쩌면 아이의 인생에서 불안을 극복할 매우 중요한 순간을 놓칠 수도 있다.

불안과 두려움도 필요한 감정이다

그렇다면 도대체 얼마만큼, 그리고 어떤 마음가짐으로 노출치료를 해야 좋을까? 노출치료를 아이에게 적용시킬 때 중요한 것은 아이의 소심한 성격을 '개조'하겠다는 생각으로 시작하지 않는다는 점이다. 어려서부터 조용하고 낯을 가렸던 엘리스 박사는 백 번의 데이트 신청을 통해 자신의 소심한 성격을 대범하게 뜯

어고쳤던 게 아니었다. 단지 그는 거절당하는 일에 무뎌졌을 뿐이었다.

공포의 대상에 노출시키는 이유는 아이로 하여금 생각보다 그 일이 대단하지 않다는 것을 깨닫게 해주기 위함임을 명심해야 한다. 불안은 고통이 예상될 때 느껴지는 감정이다. 그 대상을 실제로 접했을 때 큰 고통이 주어지지 않는다는 걸 스스로 알게 되면 자연스레 사그라진다. 평소대로 안정을 되찾는 것이다. 따라서 노출치료에서 '노출'만큼 중요한 것은 '이완'이다. "그것 하나 못하냐"며 아이를 다그치는 말은 아이에게 불안이나 공포를 이겨낼 힘을 키워주지 않는다. 그보다는 "실수해도 돼! 까짓것 망친다고 죽지 않아"라고 말해줄 때 아이는 시험을, 발표를, 혹은 모르는 사람을 여유롭게 마주하고, 요동치는 불안을 극복해낼 수 있다.

불안과 두려움에 시달리는 아이가 있다면 먼저, 이런 감정들이 나쁜 것이 아니라는 이야기를 해주자. 만약 불안하거나 두려운 마음이 전혀 들지 않는 사람이 있다면 그 인생은 오히려 순탄하지 않을 것이라고 알려주며 불안이라는 감정을 일단 편안하게 받아들일 수 있도록 해주자.

아이를 불안에 사로잡히게 만드는 더욱 근본적인 이유를 함께 찾아보는 것 또한 도움이 될 수 있다. '이번 시험 망치면 내 인생도 끝'이라는 극단적인 생각을 하고 있다면 바로잡아주어야 한다. 시험이 중요하긴 하지만 생사가 갈릴 일은 아니라고, 최선을 다하되 좋지 않은 성적을 받을 수도 있다고 말이다.

민사고에 근무하며 발견한 한 가지 분명한 사실은, 극도로 불안해하는 아이 뒤에는 나쁜 성적을 용납하지 않는 부모가 있다는 것이었다. 불안한 마음은 편안할 때(즉 이완을 통해) 극복할 수 있다. 많은 부모나 교사들이 불안을 극복하지 못하는 아이를 은근히, 심할 때는 대놓고 다그친다. 공포에 질린 아이는 이미 그 감정과 싸우는 데 온 힘을 쏟고 있다는 점을 기억하고 아이가 스스로 이겨낼 수 있도록 정서적인 안정감을 주어야 한다.

나아질 기미가 보이지 않는다거나 정도가 점점 심해지기만 하는 것 같다면 반드시 전문적인 도움을 받기를 권한다. 유년기나 성장기에 공황발작을 한 번이라도 겪은 아이는 그 후 공포증이나 다른 정신장애를 경험할 확률이 훨씬 높다고 알려져 있기 때문이다.

급변하는 시대에서의 무기, 탐험력

/

강화 민감성 이론

많은 사람들이 누군가의 심리가 궁금해 심리학에 관심을 갖는다. 하지만 심리가 과학적 학문의 영역으로 넘어가면 곧 흥미를 잃고 만다. 민사고 학생들은 학문을 위한 공부를 하자는 교훈 때문인지 꾸준히 공부 자체에 재미를 느끼는 학생들이 많았다. 그중 민혁이가 있었다.

민혁이는 왠지 학자 스타일에 마음씨 넉넉한 아이였는데 친구들의 장난에도 소위 쿨하게 대처하지 못하고 욱하곤 하는 캐릭터였다. 민혁이는 역사 과목을 좋아해서 역사학자를 꿈꾸는 아이로도 유명했다. 역자학자가 꿈이라니, 요즘 같은 시대에 퍽 이상적인 꿈이었다. 민혁이에게는 단짝 친구가 있었는데, 바로 현준이였다. 순진무구해 보이는 민혁이와 달리 현준이는 유쾌한 회사원 아저씨 같았다. 대학 목표를 경영학과에 두고 있었으니 현실적인 꿈을 가진 아이이기도 했다. 전혀 어울릴 것 같지 않은 사이였지만 그 둘은 늘 붙어 다녔다.

민사고는 수강 신청제로 수업을 듣기 때문에 공강이 발생하는데, 그 공강 시간이나 쉬는 시간이 되면 둘은 내가 있는 심리학 교실로 자주 놀러 왔다. 민혁이와 현준이의 대화를 가만히 엿듣고 있으면 꼭 만담하는 것 같았다.

–난 대학 가면 역사 전공할 거야. 역사학자가 되고 싶어.
–야, 이러나저러나 어차피 너도 결국에는 '설로'잖아.

어느 날은 둘의 대화를 듣다가 내가 끼어들었다.

–얘들아, '설로'가 뭐야?
–에이, 선생님. '서울대 로스쿨'이요.

현준이의 말에 따르면 문과 출신은 무엇을 하고 싶고 무엇을 공부하든, 또 국내반이든 국제반이든 어차피 모두 서울대 로스쿨을 가게 된다고 한다. 서울 안에 있는 대학으로 가겠다는 '인서울'이 목표인 많은 아이들에게 '서울대 로스쿨은 하는 수 없이 가는 곳'이라는 민사고 아이들의 푸념은 배부른 소리로 들릴 수도 있겠다. 하지만 이렇게 똑똑한 아이들조차도 마음껏 꿈꾸고 원하는 일을 하는 것이 어려운 현실임을 방증하기에 안타깝다.

'인서울'과 '설로'를 좇는 아이들

요즘 아이들은 대한민국이라는 나라에서 어떤 직업을 원할까? 얼마 전 초등학생, 중학생, 고등학생을 대상으로 집계한 희망 직업 순위가 공개돼 이목을 끌었다.

순위에서 한 가지 눈에 띄는 점은 초등학생에서 고등학생으로 올라갈수록 교사, 간호사, 경찰, 군인, 연구원 등과 같이 점차 안정적인 직업을 희망한다는 것이다. 초등학생 조사 결과에서는 가수, 프로게이머, 인터넷방송 진행자 등 아이들의 흥미를 끌 만한 직업들이 발견되지만 고등학생의 순위에서는 없다.

철이 들어 현실을 자각하게 되면서부터는 교사, 간호사, 경찰관 등 취업에 성공할 수 있고 안정된 삶을 보장받는 직업들을 선호하게 되는 것이다. 물론 많은 학생들이 교사나 간호사, 의사 등에 흥미를 느끼는 면도 없지 않다. 모두 의미 있고 사회에서 꼭 필요한 일이다. 하지만 아이들이 원하는 것을 마음껏 꿈꿀 수 있는 현실이라면, 과연 이런 결과가 나왔을까?

	초등학생		중학생		고등학생	
1위	운동선수	9.8%	교사	11.9%	교사	9.3%
2위	교사	8.7%	경찰	5.2%	간호사	4.9%
3위	의사	5.1%	의사	4.8%	경찰관	4.5%
4위	조리사(요리사)	4.9%	운동선수	4.4%	뷰티디자이너	2.9%
5위	인터넷방송 진행자(유튜버)	4.5%	조리사(요리사)	3.4%	군인	2.8%
6위	경찰관	4.3%	뷰티디자이너	3.0%	건축가 · 건축디자이너	2.6%
7위	벌률전문가	3.6%	군인	2.4%	생명·자연과학자 및 연구원	2.1%
8위	가수	3.5%	공무원	2.3%	컴퓨터공학자 · 소프트웨어개발자	2.1%
9위	프로게이머	3.3%	연주가 · 작곡가	2.1%	항공기승무원	2.1%
10위	제과제빵사	2.8%	컴퓨터공학자 · 소프트웨어개발자	2.0%	공무원	2.0%

초·중·고등학생 희망 직업 순위
| 교육부·한국직업능력개발원, 〈초중등 진로교육 현행조사〉(2018).

아직 사회에 발을 내디뎌본 적 없는 10대 청소년들이 안정성을 추구하는 모습은 분명 현실의 척박함, 그리고 그 척박함에 대한 두려움이 반영된 결과일 테다. 하지만 취직이 되면 끝일까? 신기술에 밀려나고, 정년이 보장되지 않는 일자리는 언제, 어떻게 쫓겨날지 모른다는 불안감을 키운다. 밥벌이에 대한 불안감은 우리 사회에 일상적으로 퍼져 있다. 공부 잘하기로는 대한민국 상위 1%에 속하는 아이들이 모이는 민사고에서조차 "네가 뭔들 못하겠느냐"는 믿음으로 아이들을 응원해주는 부모보다는, 자녀의 밥벌이를 먼저 걱정하는 부모들이 있는 이유다.

생물학이나 뇌과학에 재미를 느껴 연구원이 되고 싶었던 학생이 의대 입학을, 문과에서 공부 좀 한다는 학생이 취업이 비교적 잘된다는 경영이나 경제계열 입학을 희망하는 데는 이를 원하는 학부모가 있기 때문이다. 냉혹한 현실을 알기에 내 아이가 그저 잘 먹고 잘살 수 있는 길을 찾기를 바라는 마음은 당연하다. 그러나 이것이 과연 아이들을 위한 최선일까를 생각하면 씁쓸하다. 우리는 혹시 아이들의 미래를 위한다는 미명하에, 너무 쉽게 아이들 마음에 '세상을 겁내는 습관'을 심어주는 것은 아닐까? 세상을 겁내는 습관에 대해 별로 생각해본 적 없다면 다음의 시나리오를 한번 살펴보자.

고등학교 중간고사를 앞두고 있는 A와 B가 있다. 둘은 어렵다는 수학 시험을 앞두고 밤잠도 줄여가며 열심히 공부한다. 겉보기에는 다를 바 없지만 속마음을 들여다보면 다르다.

A는 평상시에 불안을 그리 느끼지 않는다. A가 공부를 열심히 하는 것은 좋은 점수를 받기 위해서다. A에게는 목표로 하는 대학이 명확하고, 목표를 실현하기 위해서 점수를 잘 받아야 한다는 것을 잘 알고 있다. 기대가 큰 부모님을 실망시키고 싶지 않은 마음도 있지만, 그보다는 좋은 점수를 받았을 때 느낄 기쁨을 상상해보는 편이다. 누군가의 기대에 부응하겠다는 마음보다는 스스로가 잘해내고 싶은 마음이 더 중요하다고 느끼기 때문이다.

수학은 어렵지만 좋은 점수를 받으면 나의 미래도 잘 풀릴 것만 같은 희망을 느낀다.

반면 B는 고등학생이 되면서부터 줄곧 불안함을 잘 느낀다. 이번 수학 시험도 불안하다. 시험을 앞두고 B는 나쁜 점수를 받으면 막연히 모든 게 잘 풀리지 않을 것 같다는 생각에 사로잡힌다.

둘은 각자의 방식으로 열심히 공부해 가장 어려워하던 수학 시험도 잘 마친다. 중간고사가 모두 끝나자 둘은 친구들을 만나러 나간다. 맛집, 노래방, 쇼핑, 놀이공원 등 갈 곳이 많다.

A는 친구들과 즐거운 시간을 보낼 생각에 들떠 있다. 오늘은 무슨 재미있는 일이 생길지 기대하면서 집을 나선다.

B 또한 즐거운 마음으로 친구들을 보러 나간다. 친구들을 만나면 재미있긴 하지만 그보다 B에게 중요한 것은 소외되지 않았다는 사실이다. B는 친구들과 어울릴수록 적어도 왕따나 외톨이로 쓸쓸하게 학창 시절을 끝내지는 않을 것만 같아 안심한다.

고등학교 3학년이 된 A와 B는 학과를 정하고 원서 접수를 하기 전 선생님과 면담을 한다.

A는 C대학의 경영학과를 희망한다고 선생님께 말씀드린다. C대학은 손에 꼽히는 명문은 아니지만 서울에 있고, 또 경영학을 배우면 하고 싶은 일로 창업도 해볼 수 있을 것 같기 때문이다. 벌써 창업 아이템들이 막 떠오른다. 젊은 창업주로 성공한 자신

의 모습을 상상해보기도 한다. 스티브 잡스처럼 혁신적이면서도 빌 게이츠처럼 사회 공헌에 힘쓰는 사업가가 되고 싶다.

B 또한 선생님께 C대학의 경영학과에 입학하고 싶다고 이야기한다. 현재 성적을 보니 남은 기간 동안 열심히만 하면 재수할 일이 없을 것 같다는 게 첫 번째 이유다. 게다가 요새 연신 취업난이 심각하다는 뉴스뿐인데 경영학과에 들어가면 취직이 잘된다고 하니, 인생이 망할 일은 없다. 꼭 하고 싶은 전공은 아니지만 보험 드는 마음으로 공부를 해두고 있다.

그 후 이 둘은 C대학의 경영학과에 입학한다.

다가가는 삶 vs 쫓기는 삶

밥 한 끼를 먹거나 친구를 만나는 사소한 일에서부터 진로나 결혼 같은 삶을 결정짓는 중요한 일에 이르기까지, 동일한 선택과 행동을 하더라도 그 사람들의 속마음은 전혀 다를 수 있다. A와 B는 삶의 행적이 거의 같았지만, 질적으로는 완전히 다른 삶을 살고 있었다. A는 성공과 보상을 바라보며 이에 따라 삶의 기쁨을 기대하는 삶을 살아갈 테지만, B는 되도록 고통이나 위험을 피하기 위해 노력하며 일이 잘 풀릴 때 맛보는 안도감으로 살아갈 것이다. A의 인생은 즐거움과 감사에 다가가는 삶이 될 것이고, B의 인생은 점점 불안에 쫓기는 삶이 될 것이다.

이 둘의 차이는 미국의 심리학자 존 그레이의 '강화 민감성 이론'으로 설명이 가능하다. 그레이에 의하면, A는 행동 활성화 체계BAS: Behavioral Activation System가 매우 활발한 반면, B는 행동 억제 체계BIS: Behavioral Inhibition System가 활발한 사람이다. 그레이는 두 체계가 각각의 생물학적 기반을 지니고 있으며 일상생활에서 느끼는 감정이나 행동, 그리고 그 행동을 이끌어내는 동기에 영향을 미친다고 보았다.

A와 같이 행동 활성화 체계가 활발한 사람은 무엇인가를 성취하거나 소유하고 싶은 목표를 향해 다가가려는 동기가 강하고, 그에 따라 희망이나 설렘, 행복과 같이 긍정적인 감정을 쉽게 느낀다. 반면 B와 같이 행동 억제 체계가 활발한 사람은 더 쉽게 불안을 느끼고, 이 불안에서 벗어나는 것이 어떤 일을 하게 만드는 강력한 동기가 된다.

그레이는 두 체계 중 어떤 시스템이 더 활발한지에 따라 무엇인가에 다가가는 삶을 사는지, 아니면 무엇인가에 쫓기는 삶을 사는지가 결정된다고 했다.

A의 인생에는 기대감, 희망, 기쁨의 순간들이 켜켜이 쌓일 것이고, B에게는 불안, 안도의 순간들이 쌓일 것이다. 이런 순간들이 모여 A와 B는 완전히 다른 삶을 살아가게 된다. 겉보기에는 같은 삶의 행적처럼 보일지라도 말이다.

부모는 세상이 얼마나 재미있는 곳인지 알려주는 사람

사랑하는 자녀가 겁에 질려 쫓기듯 평생을 살아가기를 바라는 부모는 세상에 없을 것이다. 하지만 너무나도 많은 부모들이 지레 먼저 겁에 질려 자녀들의 마음에 세상을 두려워하는 습관을 심어주고 있다. 심리학자 김태형은 그의 저서《실컷 논 아이가 행복한 어른이 된다》에서 다음과 같이 말했다.

> 부모들은 세상에 짓눌려 자식들을 불행으로 떠밀 것이 아니라 세상으로부터 보호해주어야 한다. 어릴 때부터 학습지나 사교육을 시켜달라고 조르는 것은 아이들이 아니다. 어릴 때부터 학습지나 사교육을 받지 않으면 훗날 남들한테 무시당하면서 살게 될 거라고 두려워하는 것은 어디까지나 부모들이지 아이들이 아니다. 그러나 한국 부모들은 대부분 공포와 불안을 강요하는 세상에 맞서기보다 그들의 공포와 불안을 아이들에게 떠넘기고 있다. 그리하여 아이들도 불행을 향해 걸어가도록 강요한다. 이제 어른들의 불안은 어른들이 알아서 해결하고 아이들만큼은 행복하게 자라도록 해주어야 하지 않을까?

한국의 아이들이 행복하지 않은 이유다. 물론 아이들이 자라서 취업도 잘 못한 채 자신의 삶조차 책임질 수 없는 상태로 살도록 내버려둘 수는 없지 않느냐고 항변할 수도 있다. 어쩌면 죽느냐, 사느냐의 절박한 문제인데 안이한 것 아니냐고 할지도 모른다. 충분히 이해가 간다. 하지만 교사, 간호사, 경찰처럼 안정적이고 정해진 길을 가지 않더라도 세상은 넓고 할 일은 많다. 자신만의 길을 개척해나가면서 잘 먹고 잘사는 사람들도 많다. 약간의 위험을 감수할 수 있지만 대체적으로 건강히 '살아 있음'을 느낀다. 더 많이 자율성을 누리며 더 즐겁게 일할 수 있다. 어려운 시간을 견딜 만한 깡이 있고 충분히 현명하다면, 성공할 가능성도 훨씬 더 열려 있다. 대표적인 인물 한 명을 꼽으라면 유튜버 '대도서관'을 이야기하고 싶다.

민사고에 재직 중일 때 대도서관이 바로 옆집 이웃이었던 적이 있다. 서로 인사도 하고 지냈지만 그때는 그가 그렇게 유명한지 몰랐다. 이제 나는 그를 방송에서나 볼 수 있다. 자신만의 길을 개척해나가는 사례는 주변에 생각보다 쉽게 찾을 수 있다. 공부 대신 아이돌 관련 아이템으로 대박 난 고등학생, 버티기 힘들다는 자영업 시장에서 일본 라멘으로 성공 신화를 만든 청년 사업가 등 모두 다 지금도 일어나고 있는 실제 상황이다.

매년 소비 트렌트를 분석하는《트렌드코리아 2019》에서 김난도 교수는 2019년 트렌드를 이렇게 요약했다. "2019년은 원자화·세분화하는 소비자들이 환경 변화에 적응하며 정체성과 자기 콘셉트를 찾아가는 여정이다."

실로 다양한 사람들이 그만큼 다양한 욕구를 표출하기 시작한 시대다. 이렇게 다양해진 정체성과 자기 콘셉트만큼 기회도 많아졌을 것이다. 하지만 그 기회는 안전한 길만을 좇는 사람들에게 열려 있지 않다. 오히려 이런 길에서 벗어난 사람들에게 열려 있다. 어른의 역할은 아이들을 두려움으로 내모는 일이 아니다. 대도서관, 고등학생 사업가, 라멘집 사장의 공통점은 척박한 현실을 보며 그 두려움에 움츠러들지 않았다는 데 있다. 어려운 때에 그들은 오히려 자신만의 '즐거움'에서 기회를 보았고, 이를 좇았다. 그러나 즐거움을 좇는다는 것, 그것으로 밥벌이를 한다는 것이 결코 쉬운 길은 아닐 것이다.

-대기업을 다녔던 시절이 있었어요. 퇴사한 후에 1인 방송을 개척하면서 사흘간 쌀 한 줌으로 지독한 생활고를 버텨야 했던 적도 있었죠. 하지만 당장의 이익을 보고 방송하진 않았어요. 언젠간 기업 광고까지 받는 사람이 될 수 있으리라는 믿음이 있었거든요.

대도서관이 지금의 대도서관이 될 수 있었던 것은 더 큰 기쁨과 보상을 좇는, 목표에 다가가는 삶을 살았기 때문이다. 아이에게 기쁨에 다가가는 마음의 습관을 심어줬을 때, 그 아이는 부모가 상상하는 그 이상의 성공을 거둘 수 있다. 무엇보다 아이는 일하는 것이 즐거운 삶을 살 수 있을 것이다. 김민식 PD는 "미래를 예측할 수 없는 급변하는 사회를 살아가고 있는 아이들에게 필요한 것은 미지의 세계를 즐겁게 탐험할 줄 아는 능력"이라며 이를 위해 "부모는 세상이 얼마나 재미있는 곳인지 알려주는 사람"이어야 한다고 했다. 성공을 위해 모두 같은 곳으로 가는 시대는 지났다.

민사고 아이들은 노는 것도 '대충'이 없다

/

창의성의 비밀, 확장과 구축 이론

민사고에서의 두 번째 심리학 교실은 작은 상담실이 딸려 있는 곳이었다. 나는 이곳을 최대한 아늑하게 꾸며놓았다. 은은한 조명 아래 6인용 탁자가 놓여 있었고, 푹신한 소파에 앉아 따뜻한 차를 마실 수도 있었다.

이 상담실에서 나는 학교를 그만두고 싶다는 아이, 친구 만들기가 힘들다는 아이, 진로에 갈피를 잡지 못하는 아이 등 여러 학생들과 고민을 나누었다. 하지만 상담이 없는 날은 이곳을 개방해 누구나 와서 사용할 수 있게 했다. 때론 탁자에 모여 앉아 프로젝트를 준비하거나 스터디 모임을 하거나 심지어는 뜨끈한 전기장판 위에서 잠깐 쉬었다 가는 아이도 있었다. 상담실에는 나와 심각하게 상담할 목적이 아니라, 단순히 휴식을 취할 목적으로 오는 학생들도 꽤 있었다.

성훈이는 조용히 혼자만의 시간이 필요할 때 종종 상담실을 들렀던 아이였다. 올 때마다 성훈이의 한 손에는 커피 한 잔, 다른 한 손에는 기타가 들려져 있었다. 성훈이가 상담실에 있는 날이면 나지막이 기타 연주 소리가 새어나왔는데, 악기에 대해 잘 모르는 내가 듣기에도 즐기고 있다는 것쯤은 충분히 느낄 수 있었다. 졸업 후에도 '상담실에서 기타 치던 유쾌한 이과생'으로 기억하고 있었는데, 어느 날 반가운 소식을 접했다. 성훈이가 2017년 이그노벨상 수상자가 됐다는 것이다.

–제 연구가 실용적이냐고요? 전혀 아니에요! 커피를 흘리고 싶지 않은 사람들을 위해 뚜껑이 개발됐으니까요. 하지만 제가 이 연구를 통해 얻은 교훈이 하나 있습니다. 연구는 "나이가 몇 살이냐"에 달리지 않았다는 겁니다. "얼마나 똑똑한가"에 달린 것도 아닙니다. 논문을 쓴다는 것은 "얼마나 많은 양의 커피를 마실 수 있느냐"에 달려 있다는 겁니다.

이그노벨상은 1991년 미국 하버드대학교의 과학 잡지사가 노벨상을 풍자해 만든 상이다. '괴짜 과학상'이라고 불릴 만큼 엉

뚱하고 기발한 연구자에게 상이 주어진다. 성훈이는 걸을 때 커피가 쏟아지는 현상을 물리학적으로 설명하며, 어떻게 하면 쏟지 않고 걸을 수 있는지를 제시하는 연구를 통해 이 괴짜 노벨상을 수상했다. 간단히 말하자면 커피가 담긴 컵을 들고 뒤로 걸으면 된다고 하는데, 그의 수상 소감대로 그다지 실용적인 조언은 아닌 것 같다. 성훈이는 민사고 재학 당시, 어떤 물리학 대회에 참가했다가 대회에서 제시된 주제를 보며 처음 이 문제에 고민하기 시작했고, 언뜻 어울리지 않을 것만 같은 '커피와 물리학'이라는 주제 연구로 이어져 이그노벨상까지 수상하게 됐다.

"공부만 잘하는 건 멋없잖아요?"

뇌과학자 정재승 교수는《열두 발자국》을 통해, 창의적인 사람들의 '뇌'에서 어떤 일이 벌어지는가에 대해 설명한 바 있다. 이에 따르면 창의적인 사람들의 머릿속은 '커피와 물리학'처럼 멀리 떨어져 있는 것을 연결하는 능력이 공통적으로 뛰어나다고 한다. 이 대목에서 나는 성훈이가 항상 들고 오던 커피와 기타가 떠올랐다.

민사고에서는 아이들과 선생님들 사이에서 '공부만 잘하는 것은 멋없는 것'이라는 분위기가 형성돼 있었다.

–친구들끼리도 이야기한 적 있는데요, 애들이 '풍류'를 안다고 해야 하나? 요즘 쓰기엔 조금 우스운 단어일 수도 있는데, 그렇게밖에 설명할 길이 없는 것 같아요. 대학 와서 다른 아이들을 만나보고 느끼는 건데 다른 자사고나 특목고와는 그런 점에서 분위기가 확실히 달랐어요.

얼마 전 만난 졸업생이 한 말이다. 내가 보기에도 정말 그러했다. 민사고 아이들은 공부만 잘하는 것이 아니라 놀라울 정도로 잘 놀았다. 이 아이들에게는 노는 것에 있어서도 '대충'이라는 것이 존재하지 않는 것 같았다. 클래식 음악 듣기나 연주하기 등 또래들은 "그럴 시간이 어딨어" 혹은 "따분하고 재미없어"라고 느낄 만한 고전적 취미는 물론이고 그림 그리기, 맛집 탐방을 겸한 여행, 락밴드나 뮤지컬팀 만들기, 동물 보호하기, 영국식 발음 공부하기 등 아주 다양한 활동을 했다.

고등학교를 졸업하고 어떤 학생은 자신의 이야기를 바탕으로 책을 내기도 했다. 또 어떤 학생은 길거리 버스킹으로 돈을 벌기도 하며 자신이 가장 좋아하고 잘할 수 있는 분야를 꾸준히 키워가기도 했다. 이는 공부 외의 것을 장려하거나 긍정적으로 바라봐주는 학교 분위기가 있었기에 가능했다. 모두의 개성을 존중하고 함양하는 분위기를 자유롭게 정착시킨 학교는 개성 있는 친구들을 학교로 불러들이고 그들이 자신만의 무언가를 마음껏 펼쳐낼 수 있는 발판이 되어주었다.

아이들뿐만 아니다. 선생님들도 소위 말하는 '괴짜' 같은 분들이 많았는데 수업 내용, 진행 방식, 평가 기준 등이 민사고에서는 거의 그대로 존중됐다. 수업에서 무엇을, 어떤 방식으로 가르치든 학교는 간섭하지 않았고 교사에게 주어진 교실도 각자가 어떻게 꾸미든 상관하지 않았다. 그래서 민사고에는 똑같이 꾸며진 교실이 하나도 없었다. 교실에 가보면 그 선생님만의 개성을 확연히 느낄 수 있었으며, 수업 모습도 제각각이었다.

창의성을 북돋아주는 IR 수업

민사고 아이들이 다양한 열정과 관심 분야를 접목시켜 창의성을 발휘할 수 있도록 도와주는 실질적인 발판은 IR Individual Research 이라는 제도에 있었다. IR은 개별 탐구 활동을 뜻하는데, 교사와 조율만 된다면 아이들이 원하는 주제로 무엇이든 탐구할 수 있는 시간이 매주 여덟 시간씩 주어졌다. 두 시간짜리로 이뤄지는 다양한 IR 수업에서 아이들은 정규 교과에서 채울 수 없었던 심화 학습이나 개인 연구를 자기 주도적으로 진행할 수 있었다. 예를 들어, 심리학에서는 평소 관심 갖던 주제로 심리학 연구를 진행하고 논문을 작성해볼 수 있는 '심리학 논문 작성'과 주로 사회심리학 분야의 논문을 읽고 그 논문에서 실행됐던 심리학 실험을 준비해 수업 시간에 재현해보는 '사회 심리 세미나' 수업이 IR 과목으로 열려 있었다.

정규 교과가 아닌 영화나 연극 같은 과목도 있었다. 이 시간은 학생들에게 다양한 지적 호기심을 채워주며, 장차 진로와 관련해 더 많은 경험을 쌓고 책에서 배운 내용을 실험 또는 실습할 수 있도록 해주었다.

몰입과 창의성에 대한 연구로 유명한 미하이 칙센트미하이는 그의 저서《창의성의 즐거움Creativity》에서 창의적 인물들의 초년기를 관찰한 결과에 대해 다음과 같이 말했다.

> 중요한 것은 나중에 어느 영역에서 창의적 인물이 되는지에 관계없이 어릴 때부터 풍부하고 다양한 삶을 접하는 것이 큰 도움이 될 수 있다.

만약 부모나 교사로서 아이의 창의성을 키워주고 싶다면, 최대한 다양한 경험을 할 수 있도록 해주고 특히 호기심을 보이고 관심 갖는 영역에 있어서는 마음껏 파고들 수 있도록 도우면 된다. 칙센트미하이 박사의 말대로 "호기심은 창의성에 있어 필수적"인 만큼 궁금한 것은 마음껏 탐구할 수 있어야 한다. 그러므로 책상 앞에 앉아 공부만 아는 공부벌레로 아이를 키우는 것처럼 창의성에 해로운 것은 없다.

창의성의 긍정적 선순환, 즐거움

창의성을 함양하기 위해 있어야 할 또 다른 하나는 바로 '즐거움'이다. 심리학에서는 즐거움, 즉 긍정적인 정서에는 단순히 기분이 좋은 것을 넘어서는 기능이 있다고 본다. 이러한 관점이 심리학계에 뿌리내린 것은 심리학자 바바라 프레드릭슨이 1998년 발표한 '확장과 구축 이론Broaden-and-Build Theory'을 통해서다. 이 이론이 말하는 바는 간단하다. 긍정적인 정서가 우리의 생각과 행동의 반경을 확장시켜 탐험을 하거나 놀이를 하거나 새로운 경험을 시도해보는 등의 행동을 불러일으키고, 이로 인해 개인의 자원이 구축된다는 것이다. 예를 보면 좀 더 간단하다.

여유로운 어느 토요일 오후, 싱글 직장인인 나는 약속 없이 집에서 텔레비전을 보고 있다. 그때 친구에게 연락이 온다. 얼마 전 좋은 동호회를 발견했는데 같이 가보겠느냐는 제안이다. 나라면 어떤 선택을 할까? 물론 성향에 따라 "얼씨구나" 하며 따라나설 사람이 있는가 하면, "나는 됐다"며 손사래 칠 사람도 있을 것이다. 그리고 당시 기분에 따라 좌우되기도 할 것이다. 우울하거나 불안한 상태라면 친구의 제안에 선뜻 나서고 싶지 않을 테지만, 편안하고 즐거운 마음 상태라면 따라나설 확률이 조금 더 크다. 모임은 좋지 않은 경험이 될 수도 있지만, 새로운 사람을 만나고 새로운 경험을 하는 또 다른 활동을 통해 스트레스가 해소되는 등 집에 있었다면 놓쳤을 긍정적인 경험을 할 수도 있다.

긍정적인 정서 상태에 있는 사람의 생각과 행동은 확산적(모임에 나가는 것)으로 이뤄지고, 이로 인해 여러 가지 자원(새로운 친구, 스트레스 해소로 인한 심신 건강)이 구축될 확률이 높아진다는 것이 확장과 구축 이론이 말하는 긍정적인 정서의 기능이다. 구축된 자원으로 인해 또다시 기분이 좋아지고, 확장된 생각이나 행동으로 이어져 또 다른 자원을 구축하는 등 긍정적인 선순환이 이뤄진다.

창의성 혹은 창의적인 결과물 또한 긍정적인 정서로 인해 구축되는 자원 중 하나다. 창의성은 한 개의 정답을 찾아가는 수렴적 사고보다는 다양한 해결 방안이나 대안을 찾는 확산적 사고와 긴밀하게 연결돼 있다. 긍정적인 정서로 인한 생각의 확장은 확산적 사고를 용이하게 해줄 가능성이 매우 높다. 서은국 교수는 〈세상을 바꾸는 시간, 15분〉이란 프로그램에서 창의성과 즐거움의 연관성을 이야기하며 열세 명의 노벨상 수상자를 배출한 바 있는 독일의 뮌헨공과대학교 사진을 공개했다. 각 대학에는 예술적인 조형물이 최소 한 개 이상 있어야 한다는 법을 지켜야 했고, 뮌헨공과대학교는 내부에 4층 높이에서 타고 내려올 수 있는 미끄럼틀을 설치했다. 학문을 비롯한 다양한 분야의 창의성을 키우는 데 이런 '가벼움' 혹은 '즐거움'이 꼭 필요하다는 이유였다.

창의성에 중요한 것들은 즐거움 이외에도 많다. 칙센트미하이 박사에 따르면, 일단 창의적인 사람들은 좋아하는 일에 굉장히 열정적이고 집요하게 파고드는 경향이 있다. 또 창의적이고자 하는 분야에 대한 지식을 풍부하게 쌓으려 노력한다. 반짝이는 아이디어는 노력이 선행되어야 나온다는 이야기다.

아이의 창의성을 발현시키기 위해 어떻게 하면 조금이나마 더 도움이 될 수 있을지를 묻는다면, 단연코 "더욱 다양한 것들을 경험할 기회를 마련해주고, 일상이 즐겁고 행복할 수 있도록 도와

독일 뮌헨공과대학교 신축건물 중 일부. 4층에서 1층까지 미끄럼틀을 타고 내려올 수 있도록 설계되어 있다.

야 한다"고 대답해줄 것이다. 여기에 약간의 잔소리를 더하자면, 정재승 교수의 말을 빌려 "격렬하지 않은 운동과 충분한 수면도 필요하다"고 말해줄 것이다.

2장

‘무엇을’만큼 ‘왜’와 ‘어떻게’도 중요하다

· 진로와 선택 편 ·

학생이라면 누구에게나 진로 고민이 있다. 주변 사람들의 기대와 그만큼의 압박을 한몸에 받았던 민사고 아이들도 진로에 대해 숱한 고민을 했다. 부모의 기대와 자신의 꿈과 이상, 흥미와 적성, 그리고 현실의 벽 앞에서 아이들은 어떤 선택을 했을까? 이번 장에서는 민사고 아이들과 나누었던 나의 개인적인 경험을 통해 깨닫고 배운 바를 풀어내본다.

잘하는 것을 해야 할까, 좋아하는 것을 해야 할까

/

흥미와 적성, 그리고 그릿 이론

진로에 대한 대표적인 고민을 꼽자면, 관심 가는 분야가 있지만 그에 꼭 필요한 과목을 잘하지 못할 때, 혹은 자신 있는 분야가 명확히 따로 있을 때, 과연 어떤 선택을 해야 하는가다.

민사고에서도 좋아하는 것과 잘하는 것이 달라 고민하던 친구들이 꽤 있었는데, 사실 이는 학창 시절 내가 가장 치열하게 했던 고민이다. 나는 대학원에 간 뒤에도 진로 고민을 계속했다. 심리학을 더 공부하기 위해 진학했지만, 잘 따라가지 못했다. 교수님의 기대치가 조금 높았던 탓인지 당시 연구실에서 이런 고민에 빠진 친구는 한둘이 아니었다. 그렇게 대학원 한 학기를 꼬박 구박받으며 보내고 나니, 이 길이 내 길이 아닐 수 있겠다는 생각이 들었다.

진로상담 분야에서는 어떤 분야나 활동을 좋아하는 것을 '흥미'라고 하고, 그것을 잘하는 것을 '적성'이라 부른다. 그때의 나는 순수학문으로서의 심리학 연구에 큰 흥미를 갖고 있으나 적성에는 맞지 않았던(혹은 그렇게 느꼈던) 셈이다. 첫 방학이 시작될 무렵, 나는 다시 상담 대학원과 주변에서 권유받은 통번역 대학원에 대해 알아보고 있었다. 그중 더 큰 비중을 두고 생각했던 것은 통번역 대학원이었다. 자존감이 바닥을 치던 와중에 통번역 일이라면 잘할 수 있을 것 같았기 때문이다.

통번역 대학원을 알아본 데에는 현실적인 계산이 포함돼 있었다. 내가 공부하던 사회 및 성격심리학은 순수학문이라 간접적으로 연관돼 있는 일이야 많지만 막상 일을 시작하려고 할 때 직접적으로 연관된 직업이 거의 없다고 봐도 무방했다. 따라서 전공자를 특별히 찾는 곳도 없었다. 반면, 통번역은 내가 잘할 수 있는 일이라 생각됐고 또 사회에 나와서 무슨 일을 할 수 있을지가 뚜렷하게 보였다. 인공지능이 통번역 업무의 많은 부분을 대신할 것이라는 이야기가 나오기 훨씬 전이었으니 당시에는 찾는 곳도 많을 것같이 보였다. 난관이 예상되고 앞날도 불투명하지만 재미있다는 이유 하나로 석사를 계속할 것인가, 아니면 좀 더 안정적이고 유망해 보이며 잘할 수 있을 것 같은 통번역 대학원으로 진로를 변경해볼 것인가 고민하지 않을 수 없었다.

성취의 공식, 재능보단 노력

현실에서는 참 어려운 선택이지만 이 질문에 대해 심리학에서 제시하는 정답은 이미 내려져 있다. "지금 당장 잘하는 일보다는 좋아하는 일을 하라"는 것이다. 진로상담 관련 자료들을 찾아보면 잘하는 것보다는 좋아하는 것을 하라는 내용이 많다. 하지만 많은 사람들이 이와 다른 생각을 가지고 있다. "좋아하는 일은 취미로 남겨두고 잘하는 일을 하는 게 맞다"고 말이다.

물론 일리가 있다. 일의 영역에서 성공하는 것보다 인생에서 개인적인 생활이 더욱 중요한 사람이라면 더욱 그렇다. 적당히 일해 번 돈으로 소소하게 혼자 여행도 다니고, 또 가족이나 친구들과 시간을 보내는 것이 더 중요하다면, 큰 에너지를 쏟지 않고서도 잘할 수 있는 일을 선택해도 된다. 하지만 아직 무한한 가능성을 지닌 학생이라면, 나는 우선은 좋아하는 일을 하라고 말해주고 싶다. 그 이유는 다음과 같다.

> 성취 = 재능 × 노력^2

2013년, 한참 '테드Ted'를 들락거리던 때였다. 테드는 다양한 분야에서 전문성을 인정받는 사람들이 자신의 경험과 지식을 통해 얻은 통찰을 나누는 일종의 강연 플랫폼이다. 나는 심리학과 관련 있는 내용을 찾으면 꼭 수업 시간에 보여주곤 했었는데, 그 중 여전히 기억에 남는 건 심리학자 앤절라 더크워스의 강연이다.

그에 의하면, 성공의 요인 중 가장 중요한 것은 타고난 재능, IQ와 EQ, 운 같은 게 아닌 '끈기와 집념'이다. 미국에서는 성공한 사람들의 요인을 '재능'에서 찾는 문화가 있다. 노력을 강조하는 우리 문화와는 다른 토양에서 자란 미국인들은 끈기와 집념을 강조하는 더크워스의 연설이 신선했고, 그의 강연은 당시 조회 수 1천만 회를 돌파하는 인기 강연이 됐다.

강연 말미에서 더크워스 교수는 끈기와 집념을 어떤 방식으로 키울 수 있을지에 대해서 아직 연구 중이라고 했다. 그리고 2016년, 그는 자신의 연구 결과를 《그릿Grit》이라는 책을 펴내며 밝혔다. '그릿'을 사전에서 찾아보면 다음과 같은 뜻이 있다.

> 1. 티끌, 모래알, 아주 작은 돌
> 2. (어떤 고난도 견디는) 근성, 용기, 집념, 투지

더크워스 교수는 그릿의 구성 요소를 두 가지로 본다. 하나는

열정이고, 다른 하나는 끈기다. 즉 오랜 시간 장기 목표를 위해 열정적이고 끈기 있게 노력하는 것을 그릿이라 한다. 10년이 넘는 연구 끝에 더크워스 교수는 그만의 성취이론을 정립하는데, 그것이 바로 '성취=재능×노력^2'이다. 여기서 성취란 '습득한 기술을 사용해 얻은 결과물'을, 재능은 '노력을 기울일 때 기술이 향상되는 속도'를 뜻한다. 결과물은 습득한 기술에 노력이 더해질 때 만들어지는데, 기술을 습득하는 과정에도 노력이 필요하므로 재능에서 성취에 이르는 과정에는 노력이라는 요인이 두 번 들어간다. 기술을 이미 습득한 사람이더라도 노력을 기울이지 않으면 결과물을 얻을 수 없다. 계속해서 어떤 성취를 이루기 위해서는 지속적인 노력이 필요하다. 따라서 더크워스 교수는 가정환경 등 다른 조건이 모두 같다면, 성취에서 더 중요한 것은 재능이 아닌 노력, 그것도 오랜 기간에 걸쳐 변함없이 끈기 있게 기울이는 노력이라는 점을 역설한다. 책에서는 이를 위한 네 가지 방법에 대해 말한다.

> 첫째, 열정을 찾고 키워라.
>
> 둘째, 의식적인 노력을 기울여 연습하라.
>
> 셋째, 높은 목적의식을 가져라.
>
> 넷째, 역경을 딛고 일어나라.

이 중에서 가장 중요한 것을 하나만 택하라고 한다면 나는 첫 번째, 열정을 꼽겠다. 열정을 찾고 키우라는 말은, 곧 자신이 열정을 쏟을 만큼 좋아하는 일을 찾으라는 말과 같다. 좋아하는 일이 곧 잘하는 일로 등치되지는 않지만 좋아하는 일이 아니라면, 목적의식을 갖고 오랜 기간에 걸쳐 온 힘을 기울여 연습하고, 어려움이 닥쳤을 때도 이를 악물고 늘어지며 버텨낼 수 없기 때문이다. 더크워스 교수는 책에서 다음을 덧붙여 말한다.

> 나는 불안한 부모들과 이야기하면서 그들이 내가 말하는 그릿의 의미를 오해한다는 인상이 들 때가 가끔 있다. 내가 그릿의 절반은 끈기라고 이야기하면 수긍한다는 듯 고개를 끄덕이지만, 일 자체에서 재미를 느끼지 못하는데도 끈질기게 노력하는 사람은 없다는 이야기를 덧붙이면 하나같이 고개를 갸우뚱한다.

관건은 '끝까지' 할 수 있느냐다

우리 사회는 노력의 가치를 높이 평가한다. 노력해서 안 되는 일이 없다고도 말한다. 그러나 문제는 아무리 마음을 다잡아도 노력을 기울일 수 없는 일이 분명 있다는 점이다. 관심이 없으면 노력을 기울이기 쉽지 않다는 것쯤 누구나 안다. 나에게는 수학이 그랬다. 재미가 없으니 잘하고 싶은 마음조차 들지 않았다. 그런데 국어나 사회 같은 과목은 굳이 관련된 책까지 따로 찾아보며 공부했다.

꼭 성공을 위해서가 아니라 기왕이면 잘하는 일보다는 좋아하는 일을 하라고 조언하고 싶다. 삶의 가장 긴 시간을 우리는 일을 하며 보내기 때문이다. '워크 라이프 밸런스'를 꿈꾸지만 대부분의 성인은 하루 꼬박 일을 한다. 좋아하는 일을 직업으로 삼으면 그 일이 싫어지지 않겠느냐는 우려를 하지만, 반대로 잘하는 일을 택한다고 과연 쉽기만 할까? 어떤 일을 하든지 어려움은 있기 마련이다. 어느 면이라도 즐길 수 있는 일을 해야 삶이 행복해질 수 있다. 실제로 좋아하는 일을 하는 사람이 삶 전반에 대한 만족도가 높다.

첫 학기를 마친 여름방학, 나는 연구실을 떠나지 않기로 결정했다. 결정을 하고 나니 마음이 편했다. 대신 뭔가를 꼭 보여주겠다는 오기로 방학 동안 아침부터 저녁까지 연구실과 도서관에 박혀 논문을 찾아 읽고 또 읽었다. 그렇게 2학기가 되니 어렴풋이 알 것만 같은 느낌이 들었고, 3학기 때에는 주눅 들지 않고 교수님에게 나의 가설을 납득시킬 정도가 됐다. 심리학이 좋아하는 공부가 아니었다면, 그 시기를 버티지 못했을 것이다.

아이들에게 좋아하는 일을 하라는 조언을 할 때 빼놓지 않고 함께 이야기해야 하는 것이 있다. “좋아하는 일을 한다는 것이 마법처럼 즐겁지만은 않을 것”이라는 점이다. 좋아하는 일에는 반드시 내가 싫어하는 부분도 따라온다. 나의 경우, 대학원 과정에서 공부한 통계분석이 그랬다. 재미있는 심리학을 더 하겠다고 대학원에 들어갔더니 흥미도, 재능도 없던 숫자 다루는 일이 나를 기다리고 있었다(통계는 논리라고는 하지만).

다른 일도 마찬가지다. 무슨 일이든 거기에는 다양한 과정이 있기 마련이고, 아무리 좋아하는 일을 할지라도 그중에는 피하고 싶은 부분이 있다. 일을 시작할 때에는 그에 따르는 어려움을 넘어설 각오 정도는 해야 한다. 좋아하는 일을 하면 즐겁기만 할 거란 생각 때문에 행여나 길을 포기하지 않도록 아이들에게 잘 귀띔해주는 것이 좋겠다. 하지만 그 이전에, 아이가 좋아하는 일과 잘하는 일 사이에서 고민한다면 이렇게 질문을 던져보자. “어떤 길을 선택해야 오랫동안, 그리고 끈기 있게 물고 늘어질 수 있겠냐”고 말이다.

부모의 꿈과 아이의 꿈이 다를 때

/

현실과 이상, 돈과 행복에 대한 심리학 이론

부모가 아이의 꿈을 있는 그대로 응원하는가, 그렇지 않은가는 아이들이 진로를 선택할 때 판별된다. 상담교사로 있으면서 나는 진로를 두고 부모님과 의견이 달라 고민이라는 학생들을 자주 만났다. 이과 학생들의 경우에는 주로 생물학이나 화학 등 순수학문을 전공하고 싶지만 대체로 부모님이 의대 진학을 원했다. 문과 학생들은 예컨대 범죄심리학에 관심 있는 학생에게 부모가 경찰대를 권하거나 경영·경제학과를 선호하는 경우를 꽤 찾을 수 있었다. 자녀가 순탄하게 살아가기를 바라지 않는 부모는 세상에 없다. 그런데 가고자 하는 길이 순탄한 인생이 아닌 것처럼 보인다면? 많은 부모들이 이 지점에서 자녀와 의견 충돌을 빚고 갈등을 겪는다.

나 또한 중학교 때부터 관심 있었던 심리학을 뒤로하고 경영학과를 선택한 배경에는 자식이 소위 '잘나가는' 전공을 택하길 원하는 부모님이 있었기 때문이다. 명시한 적은 없지만 나도 모르게 그렇게 해야 한다는 생각을 가졌다. 결국 심리학과를 이중전공하면서, 당시 유망 직종인 펀드 매니저가 되길 원하시던 엄마와 다투기도 했다. 시대가 흘렀어도 부모님과 진로 문제로 갈등을 겪는 아이들은 여전히 많다.

부모는 현실을 말하고, 아이는 이상을 말한다. 부모는 자녀에게 경쟁이 얼마나 치열한가, 가질 수 있는 직업이 다양한가, 근무시간과 강도가 얼마나 되는가, 명예와 권력을 얻을 수 있는가 등의 문제를 현실적으로 따져보라고 한다. 이 문제들은 결국 많은 돈을 안정적으로 벌 수 있는지에 귀결된다.

명예도, 권력도 돈으로 어느 정도 살 수 있는 자본주의 사회에서 현실의 문제는 곧 돈의 문제일 수밖에 없다. 그런데 많은 사람들이 돈에 대해 정확히 알려고 하기보다는 "돈이 최고" 같은 극단적인 입장을 취하거나 혹은 이중적인 태도를 취한다. "로또나 맞으면 소원이 없겠다"라고 말하면서 한편으로는 '점잖게' 돈이 많아도 행복하지 않은 경우가 많다고 말한다. 실제로 우리는 경제적으로 부유한 계층의 자살이나 이혼 등 불행한 모습을 목격하기도 하지만 상상 이상으로 여유롭고 행복한 모습을 보기도 한다.

돈과 행복의 상관관계

돈은 정말 우리를 행복하게 해주는 것일까? 행복하게 해준다면 그 영향은 어느 정도일까?

행복과 돈의 관계는 그동안 심리학자, 사회학자, 경제학자 들의 주된 연구 과제이자 논쟁거리였다. 돈과 행복에 대한 이론 중 가장 잘 알려진 것은 '이스털린Easterlin의 역설'이다. 미국의 경제학자 리처드 이스털린의 이름에서 따온 것인데 "소득이 많아지더라도 행복해지는 것은 아니며, 돈과 행복 간의 관계는 상대적인 것"이라는 이론이다. 소득이 아무리 높아졌어도 가까운 친구가 나와 비교도 안 될 만큼 많은 돈을 벌고 있다면 그 소득이 나를 그리 행복하게 해주지는 못한다는 이야기다. 고개가 끄덕여지는 말이다. 백화점에서 새로 산 가방을 기분 좋게 들고 나갔는데 친구가 요즘 한창 인기인 명품가방을 들고 나왔다면? 아마도 새로 산 가방이 주는 기쁨은 금방 반감될 것이다.

하지만 이스털린의 주장을 끈질기게 반박한 사람이 있다. 네덜란드의 사회학자 루트 빈호벤은 소득이 많아지더라도 '상대적 수입' 때문에 꼭 행복해지는 건 아니라는 개념을 부정했다. 대신 빈호벤은 행복하기 위해서 '절대적으로' 필요한 소득이 있다고 했다. 대학 시절, 수업에서 들었던 예시는 바로 '밥'이었다.

돈이 없어서 하루에 밥을 두 번밖에 못 먹는다는 이유로 불행한 사람이 있다. 이 사람은 다른 사람과 비교해봤을 때 적게 먹는 것이 억울하고 불행한 것이 아니다. 절대적으로 필요한 양이 채워지지 않아서다. 굳이 남과 비교하기 전에, 배가 고프면 행복할 수 없다. 같은 맥락에서 "와, 난 다른 사람들과 달리 하루 다섯 끼 먹으니 그만큼 더 행복하다"고 좋아하는 사람은 많지 않다.

다양한 나라의 자료를 통해서도 이를 볼 수 있다. 정치학자 로널드 잉글하트의 연구팀은 2008년 각 국가의 1인당 GDP(국내총생산)와 행복 수준을 조사한 적 있다. '국가별 부와 행복 관계'의 그래프를 보면, 빈곤국에서는 GDP가 높아질수록 국민들도 행복해진다. 두 끼 먹다가 세 끼를 먹으니 행복한 것이다. 그러나 밥을 일곱 끼 먹는다고 세 끼 먹는 사람보다 확연히 더 행복한 것은 아님을 볼 수 있다.

한마디로 먹고살기 힘들 때에는 수입이 늘면 행복에 대한 그 효과가 명확하지만, 먹고살 만한 이후에는 다른 것들이 중요해진다는 것이다. 전에는 '사느냐 죽느냐'가 중요했지만, 여유가 생기면 '어떻게 사느냐'가 중요해진다. 이때의 '어떻게'를 좌우하는 것에는 주변 환경과 삶이 얼마나 자유로운지, 민주적인지, 나아가 사람들이 서로 신뢰하고 유대감을 느끼는지 등이 포함된다.

먹고살 만한 후부터는 서로의 취향이나 성향, 의사를 존중하고 따뜻한 유대감을 형성해나가는 데 집중한다는 말이다. 마지막으로 한 걸음만 더 들어가보자.

단순히 돈의 액수를 보기보다 '돈이 늘어나는 비율'과 행복의 관계를 보면 어떨까? 200만 원 벌던 사람이 월급이 껑충 뛰어 400만 원이 되면 생활도 두 배로 좋아질 것이다. 하지만 매월 2,000만 원 벌던 사람은 똑같이 200만 원 늘어나는 것으로는 티

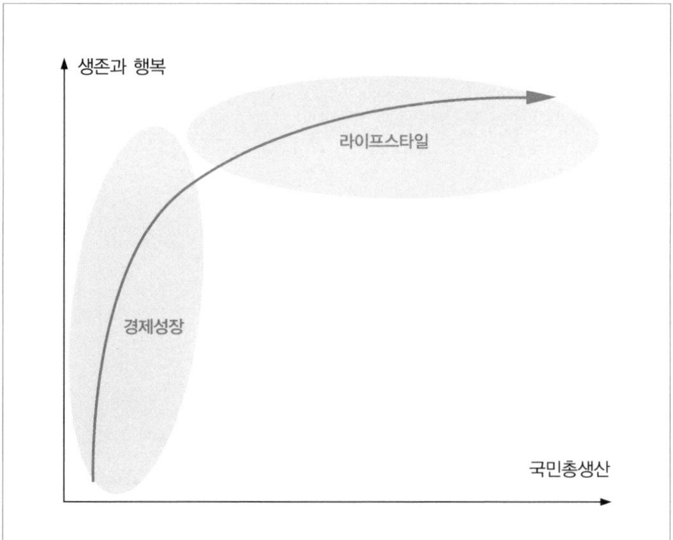

국민총생산이 낮은 국가에서는 경제가 성장함에 따라 행복 수준이 높아지지만, 국민총생산이 높은 국가에서는 그 효과가 미미해지고 대신 "어떻게 사는가(라이프스타일)"가 중요해진다. 2008년, 한국은 경제성장의 효과가 약화되기 시작하는 구간에 있었다. 잉글하트와 동료들(2008).

가 안 난다. 2,000만 원에서는 다시 두 배로 올라줘야 생활수준이 두 배 오르는 느낌이 들 것이다. 액수 자체를 보기보다 '돈이 늘어나는 비율'을 보자는 것은 바로 이 점을 고려하자는 것이다.

이런 식으로 돈과 행복의 관계를 보면 결과가 달라질까? 심리학에서 '행복'이라는 분야를 개척하고 정착시킨 에드 디너의 그래프에서 그 답을 찾을 수 있다. '소득이 늘어나는 비율'과 행복의 관계는 돈이 얼마나 많든지 적든지 간에 함께 증가한다. 이것이 심리학에서 돈과 행복의 관계에 대해 내린 최근의 결론이자 발견이다.

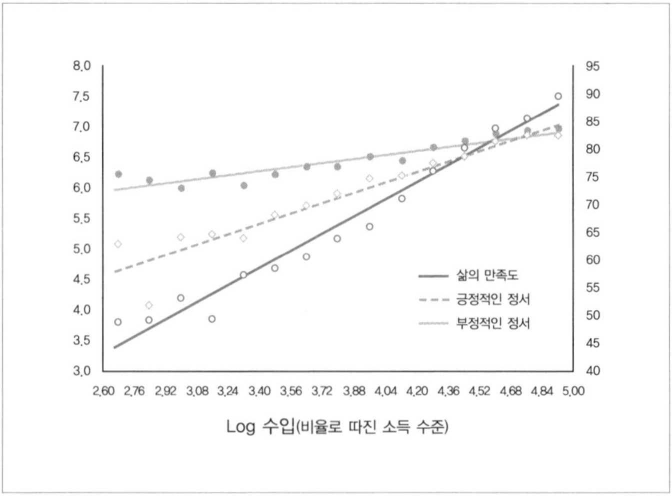

비율을 고려한 소득의 증대는 돈이 많은 적든 비슷한 정도로 행복을 증가시킨다. 디너와 동료들(2012).

그래서 결론은? 돈으로 정말 행복을 살 수 있을까? 그렇기도 하고 동시에 그렇지 않기도 하다. 돈은 무척 중요한 역할을 한다. 막연히 행복에 돈이 중요하지 않다고 치부할 것은 아니다. 나라의 살림살이가 나아져야 국민들을 행복하게 해줄 수 있고, 개인 역시 수입이 배로 뛰면 그만큼 행복해질 수 있다.

한번은 어떤 예능 프로그램에서 진행자가 서장훈 씨에게 건물이 있으면 어떤 기분이냐는 질문을 했다. 그는 "행복은 결코 돈과 비례하지 않아요"라고 답했는데, 이때 옆에 있던 이상민 씨가 말했다.

–돈이 계속 많았던 사람에게서는 행복과 돈의 관계에 대해 정확한 답을 받을 수 없어요. 큰돈을 벌었다 그만큼 큰돈을 잃었던 경험에 비춰봤을 때, 돈이 행복에 꼭 필요하더라고요.

이미 많은 것을 가진 사람들은 돈이 전부가 아니며 행복은 마음먹기에 달렸다고 말하기 쉽다. 하지만 그것은 많은 것이 갖춰진 후의 이야기다.

행복한 삶을 위해 어느 정도의 경제력은 필요하다. 먹고살 만해진 이후에는 이야기가 좀 달라진다. 소득이 완전히 증가하지 않는 이상 행복에 결정적인 역할을 하지 못하기 시작한다. 이때부터는 돈이 그만큼 중요하지 않을 수 있다는 이야기다. 여기까지가 심리학이 돈과 행복에 관해 알려주는 내용이다.

'선택'과 '포기'는 동의어다

그렇다면 진로 선택을 앞둔 아이들에게 우리는 무슨 이야기를 해줘야 할까? "한 번 사는 인생인데 하고 싶은 것 마음껏 하라"고 말해줘야 할까? 아니면 어른으로서 "현실적인 것이 최고"라고 말해줘야 할까? 먹고살 만하다면 현실적인 계산에 의해서만 진로를 선택하기보다 어느 정도 하고 싶은 것 하면서 사는 것이 좋다는 말이 이쯤에서 가장 무난한 답변일 것이다. 하지만 학생들과 직접 진로에 대해 이야기를 나눌 때는 이것이 그리 간단하게 말할 문제는 아니라고 느꼈다. 현실은 평균값으로 말하는 이론만큼 단순하지도 않을뿐더러 현실과 이상 사이 먹고사는 문제 외에 조금 다른 차원의 문제가 남아 있기 때문이다. 그것은 곧 선택하지 않은 길에 대한 미련과 후회다.

하고 싶은 것을 선택한 지금이야 모르겠지만 나중에 어른이 됐을 때, 친구들은 돈도 많이 벌고 명예와 권력도 있는데 나만 이상을 좇다가 그렇고 그런 별 볼일 없는 사람이 되어 있다면? 그래도 괜찮을 것인지는 스스로에게 물어봐야 할 일이다. (편의상 '현실적인 선택'을 돈과 명예와 권력이 따르거나 편안함이 따르는 일이고,

‘이상적인 선택’을 돈이나 명예와는 거리가 있지만 의미 있고 재미있는 일이라 했지만, 현실과 이상은 이렇게 쉽게 이분법적으로 나뉘지는 않는다.)

이 문제에 대해 생각해볼 기회를 주는 영화를 하나 소개하고자 한다. 바로 〈괜찮아요, 미스터 브래드〉다. 영화는 명문대를 졸업한 후 자기 이상을 좇아 비영리단체를 운영하고 있는 한 중년 남성의 이야기다.

한때 세상을 사랑하는 꿈 많은 이상주의자였던 미스터 브래드는 어느덧 나이가 들어 큰 성공을 이루지도, 그렇다고 부나 명예를 얻지도 못한 채 대학 입학을 앞두고 있는 아들의 학비를 걱정해야 하는 자신과 마주한다. 그는 아들과 함께 캠퍼스 투어를 하기 위해 공항에서 좌석을 업그레이드하려고 했지만 할인 사이트에서 티켓을 예매했다는 이유로 업그레이드는커녕 직원으로부터 냉대를 받는다. 친하게 지내던 친구들의 화려한 성공을 SNS와 방송, 유명 잡지 등을 통해 접하지만 이들 사이에서 소외된 지도 오래다. 친구 결혼식에 초대받지도 못하고 심지어 자신을 공식 ‘애제자’로 대해주던 교수님의 부고조차 듣지 못하다가, 백악관에서 근무한 후 베스트셀러 작가로 유명해진 친구가 추도사를 낭독했다는 사실을 뒤늦게야 알게 된다. 영화는 남들과 비교해 성공하지 못한 브래드가 어떻게 친구들에게 소외당하는지, 사회로부터 냉대받는지, 그리고 그로 인해 자존감이 얼마나 작아지는지를 가차없이, 매우 현실적으로 보여준다.

브래드는 경제적으로 큰 어려움을 겪지 않았다. 몇몇 친구들처럼 '대단한 사람'이 되지 못했을 뿐이었지만 그는 괴로워했다. 그러다 아들 일로 성공한 친구와 오랜만에 연락하면서 화려할 것이라 생각했던 친구들 인생의 또 다른 단면을 보게 된다. 자녀의 병으로 고통받고, 큰돈을 잃거나 소송에 휘말리고, 약물중독에 빠지고, 그것도 아니면 소소하게는 다른 사람들을 깎아내리며 험담하기 바쁜 친구들의 모습을 보며 조금씩 깨달아간다.

무엇보다 브래드는 아들과의 여행에서 아들의 진짜 마음을 알게 된다. 하버드대학교를 목표로 할 만큼 재능 있고 또 속까지 깊은 청년으로 자라난 아들은 크게 성공하지 못했다는 이유로 결혼식에 아빠를 초대하지 않은 친구들을 신경 쓸 필요 없는 사람들이라고, 그들은 아빠의 인생에 그다지 중요한 사람들이 아니라고 브래드에게 말해준다. 그러면서 아빠에게 "사랑한다"는 말로 담백한 위로를 건넨다. 이쯤 되면 브래드야말로 세상을 다 가진 사람이지 않을까?

영화의 제목처럼, 세상이 그를 어떻게 대하든 미스터 브래드는 괜찮은지도 모른다. 진정으로 중요한 사람들과 사랑하며 사는 삶이라면, 유명인사가 되거나 돈을 많이 벌지 않아도 괜찮은 삶일 수 있다는 것이 영화가 주는 메시지다.

돈과 행복의 관계에 있어 심리학이 밝혀낸, 꼭 알아야 할 마지막 한 가지가 있다. 돈과 행복의 관계 속에는 물질주의적인 성향이라는 함정이 있다는 것이다. 돈이 많든 적든 간에 우리의 행복을 확실하게 갉아먹는 것은 돈에 집착하고 그것을 열렬히 추구하는 마음, 즉 물질주의적인 성향이다. 물질주의적인 사람들은 단순히 물질적 가치를 추구하는 것으로 끝나지 않는다. 주변 친구들과 따뜻하고 인간적인 관계를 갖기보다는 지위 경쟁을 하고, 남들보다 어떻게 해서든 더 가지려는 마음으로 살아가는 경향을 보인다. 이런 마음으로는 행복하기가 어렵다는 것을 굳이 설명하지 않아도 알 것이다.

미스터 브래드는 친구들과 자신을 비교하며 전전긍긍했던 삶을 돌아보며 이렇게 되뇐다.

–난 날 추켜세우거나 비하하는 데 너무 많은 시간을 써버렸어.

이상을 추구하든 현실을 추구하든 중요한 것은 다른 사람과 비교하지 않고 자신의 선택에 대한 믿음을 지켜나가는 것, 그 수많은 선택 속에서 이뤄진 자신의 삶을 따뜻한 시선으로 바라보는 것이다. 선택은 하나를 갖기로 함으로써 다른 하나를 포기하는 것이다. 살다 보면 그때는 최선이었지만 과거의 선택을 후회하는 순간이 올 수 있다. 영화는 이 후회의 순간을 미스터 브래드라는 사람의 인생에서 포착해 보여준다. 그는 자신이 택했던 진로부터 결혼에 이르기까지 그동안의 선택을 하나씩 되돌아보며 상상을 한다. '그때 내가 다른 선택을 했다면 어땠을까?'

한 번 사는 인생, 후회 없게 살아야 한다는 메시지가 넘쳐나는 세상이다. 단 한 번의 후회도 없는 삶, 가능할까? 어떤 선택이든 미련이 남기 마련이다. 후회 없는 삶은 정말 후회 없을 선택만 하는 인생을 말하는 게 아니다. 후회 없는 삶은 건강한 가치관에서 크게 벗어나지 않는다면 자신이 선택한 인생을 지켜나가려는 마음가짐으로부터 비롯될 것이다.

자녀가 진로 선택을 어려워한다면

다시 처음의 질문으로 돌아가보자. 현실성 있는 선택을 해야 할까, 아니면 이상을 좇아야 할까? 어떤 선택을 해야 후회가 없을까? 이런 고민을 하는 학생이 있다면, 나는 일단 최종적인 결정을 최대한 미루라고 말해주곤 한다. 지금 한 번의 선택으로 내 인생이 결정된다는 생각은 덜어내도 좋다고 말이다. 고등학교를 졸업한다는 것은 세상에 첫걸음을 내딛는 일이지, 내 인생 나머지를 결정짓는 일이 아니다. 하고 싶은 일을 탐색할 시간은 충분하고, 대학에 진학한 후에도 이중전공이나 전과, 대학원 진학 등 진로를 수정할 수 있는 길이 열려 있다.

만약 그 진로가 다른 공부를 함께하기 어려운 전공이라면, 그 과부터 먼저 경험해봐도 좋겠다. 무엇이든 해보면 의외로 잘 맞을 수도 있고, 또 예상 외로 못 견디게 괴로울 수도 있다. 어떤 때에는 현실적이라 생각했던 길이 오히려 비현실적이고, 이상을 좇는 일이라 생각했던 일이 현실적인 경우도 있다. 나를 둘러싼 상황, 나의 가치관과 생각마저도 시간이 흐르면 바뀔 수 있다. 그러니 실제로 부딪쳐보면서 천천히 결정해도 늦지 않다고 꼭 말해주고 싶다.

단 20대부터는 조금씩 치열하게 고민해봐야 하고 내가 고민하는 진로에 어떤 과정이 포함되는지 미리 살펴봐야 한다. 선택에는 얻는 것과 포기하는 것이 모두 있다. 그래서 선택했을 때 무엇을 포기할지에 대해서도 잘 생각해봐야 한다. 그 어떤 것을 버리는 대신 나에게 소중한 것들을 추려나가며, 감사하는 마음을 지켜나가는 과정이 후회 없는 삶이다.

‘노오력’만으로는 결코 성공할 수 없다
/
‘아웃라이어’의 의미

중간고사나 기말고사가 끝난 후, 수업에 여유가 있을 때 나는 학생들에게 영화를 보여주곤 했다. 영화는 종종 수업 내용을 더 생생하게 만들어주었고, 감상 후 토론 시간을 활발하게 해주었다.

윌 스미스 주연의 영화 〈행복을 찾아서The Pursuit of Happyness〉는 그중 하나였다. 실존 인물인 크리스 가드너가 어린 아들을 데리고 노숙을 하며 살다가 20대 1의 경쟁률로 금융 중개업에 취업해 끝내 성공하는 모습을 그린 영화다. 절망적인 수준의 가난 속에서도 포기하지 않고 행복을 찾아, 꿈과 희망을 좇아 끈질기게 노력하고 견디는 모습이 감동을 준다.

사실 이 영화를 아이들에게 보여준 이유는 간단했다. 행복의 의미에 대해 다시 생각해볼 수 있었고, 건전하고 교훈적이어서 학생들에게 보여주기에도 적절했다. 대학 시절 영화관에서 이 영화를 보고 감동을 받았던 기억도 있었다. 하지만 아이들의 반응은 시큰둥했다. 볼 만은 했지만 성공을 개인의 몫으로 돌렸다는 데서 공감할 수 없다고 했다.

아이들의 말에 수긍이 갔다. 실화라 하더라도 성공은 개인의 노력에 의해 만들어진다는 신화를 재생산하는 측면이 짙었다.

성공의 레시피를 구성하는 것들

〈행복을 찾아서〉를 영화관에서 봤던 비슷한 시기에 영화만큼 감명 깊게 읽은 책이 있었다. 역설적이게도 이 책은 성공을 정반대 시각에서 보는 법을 설파하고 있는데 바로 《아웃라이어Outliers》다. 아웃라이어란 통계용어로 다른 값들로부터 비정상적으로 떨어져 있는 극단치를 통칭하지만, 책에서는 빌 게이츠와 같이 평범을 뛰어넘는 성공을 거머쥔 사람들을 지칭했다.

저자 말콤 글래드웰은 여러 성공 신화를 다각도에서 바라보며 성공의 레시피에는 개인의 노력보다 훨씬 더 많은 것이 포함된다는 점을 보여준다. 개인이 속해 있는 역사적 배경(가령 컴퓨터 산업이 폭발적으로 커질 때나 대공황 때 몇 살이었는지), 태어난 가정의 문화(부모가 자녀의 삶과 교육에 얼마나 관심 갖는지), 사회문화적 배경(노력한 만큼 얻을 수 있는 쌀농사 문화 같은), 운 좋게 주어지는 모든 기회(부모를 포함한 말 그대로 우연히 얻은 기회)들이 모두 여기에 포함된다. 책에서 소개된 다양한 사례 중 잘 알려진 두 가지를 살펴보자.

먼저 비틀스다. 비틀스는 미국에서 이름을 떨치기 전 7년간의 시간을 함께했다. 중요한 것은 그들이 7년을 어떻게 보냈는가다. 평범한 고등학교 록밴드에 불과했던 그들은 1960년 한 클럽에 초청받아 함부르크로 향한다. 이들은 그곳에서 밤새 논스톱으로 연주를 하는데 1년 반 동안 270일을 연주했다. 밴드가 유명세를 떨친 1964년 전까지 총 1,200시간 무대 위에 섰던 것으로 추정되는데 그 어떤 밴드도 이렇게 풍부한 무대 경험을 하기 쉽지 않은 일이라고 글래드웰은 덧붙인다.

그 효과는 책에 소개된 비틀스의 전기 작가 노먼의 말을 인용해보면 알 수 있다.

> 함부르크에 가기 전까지 그들은 무대 위에서 그다지 좋지 않았지만, 돌아왔을 때는 아주 훌륭해졌습니다. 지구력만 익힌 게 아닙니다. 수많은 곡을 익혔죠. 우리가 생각할 수 있는 모든 버전의 노래들, 다시 말해 로큰롤뿐만 아니라 일부 재즈도 소화하게 됐죠. 그전까지 그들은

> 무대 위에서 숙달돼 있다고 볼 수 없었습니다. 그러나 함부르크에서 돌아오자 그들은 차별화된 소리를 내기 시작했어요. 비틀스는 그렇게 만들어졌습니다.

상대적으로 재능이 중시되는 분야인 음악에서, 끼와 자질을 온전히 타고 태어났을 것 같은 비틀스마저도 수많은 시간 동안의 노력으로 탄생됐다. 하지만 책에서 강조하는 것은 그들의 노력이 아니다. 그렇게 많은 시간 동안 노력할 수 있는 기회가 주어졌다는 점이다.

당시 비틀스가 풍부한 음악 경험을 쌓을 수 있었던 클럽은 제대로 된 로큰롤 클럽이 존재하지 않던 때 처음으로 만들어진 곳이었다. 무명 밴드로 연습이 많이 필요했던 비틀스는 운 좋게도 여기에 초청받는 기회를 얻었다. 그들이 성공할 수 있었던 이유는 재능 있는 다른 많은 밴드들에게는 주어지지 않은 기회를 놓치지 않고 잡았기 때문이었다.

빌 게이츠 성공의 진짜 비밀

책에 소개된 또 하나의 사례는 빌 게이츠다. 애플, 구글, 페이스북 등 잘나가는 IT 기업들이 많지만 〈포브스〉 지에 의하면 빌 게이츠는 2017년 기준으로 여전히 세계 부호 1위이며, 미국 ABC

뉴스에서는 세계에서 가장 영향력 있는 사람으로 꼽혔다. 빌 게이츠는 어떤 행운으로 이렇게 어마어마한 아웃라이어가 됐을까?

시애틀에서 태어난 그의 아버지는 부유한 변호사였고 어머니는 잘나가는 은행가의 딸이었다. 그는 명석한 두뇌를 타고났지만 공부에는 흥미를 빨리 잃는 편이었다. 어머니는 이런 아들의 성향에 따라 다양한 활동을 할 수 있는 사립학교로 전학을 시킬 만큼 교육에 적극적인 사람이었다. 이 사립학교는 대학에서조차 컴퓨터 클럽이 드물던 시대에 최신 장비를 동원할 만큼 미래 지향적이었고, 학부모들에게는 그것을 뒷받침할 재력이 있었다.

덕분에 빌 게이츠는 8학년, 한국 기준으로 중학교 2학년 나이에 프로그래밍을 시작할 수 있었다. 그때부터 그는 컴퓨터 프로그래밍에 몰입하기 시작했다. 학교에서 더 이상 컴퓨터를 사용하기 어렵게 되자 그는 주변 벤처기업이나 IT 기업의 소프트웨어 프로그램을 짜는 아르바이트를 하며 일정 시간 동안 컴퓨터를 사용할 수 있는 허락을 받았다.

이마저도 어렵게 됐을 때에는 집에서 걸어갈 수 있는 거리에 있는 워싱턴대학교의 한 물리학 연구소에서 스케줄이 비어 있는 새벽 3시에서 6시 사이 프로그래밍을 계속했다. 이렇게 그는 대학교 2학년이 될 때까지 7년간 컴퓨터 프로그래밍에 매진했고, 많은 실력을 쌓았다.

부유한 변호사인 아버지와 미래지향적 교육에 적극적인 어머니 사이에서 태어난 것도 행운이지만, 대중교통을 이용할 수 없는 새벽 시간에 워싱턴대학교로 걸어갈 수 있는 거리에서 살았다는 점까지 운이 좋았다.

책의 저자 글래드웰은 이렇게 말한다.

> 빌 게이츠 같은 경험을 할 수 있는 10대가 전 세계에 얼마나 될까? 빌 게이츠는 자신이 커다란 행운을 누렸다는 점을 인정한다.

여기서 끝이 아니다. 1955년생인 빌 게이츠에게는 개인용 컴퓨터의 역사에서 가장 혁명적이고 중요한 일이 일어난 1975년, 무궁무진한 가능성을 지닌 20대 초반의 청년이었다는 점 또한 어마어마한 행운으로 작용했다.

1975년은 유명 대학 연구실에서나 구경할 수 있었던 컴퓨터가 작고 저렴해진 가격으로 개인에게도 상용화됐던 해다. 이때 대학 졸업 후 안정적인 직장을 가지고 있었던 사람들은 구시대적인 패러다임에 이미 익숙해져 있었기에 안정적인 직장을 떨쳐버리고 모험을 하기가 쉽지 않았다.

1975년에 고등학교도 졸업하지 않은 아이여서도 안 됐을 것이다. 새로운 패러다임에 뛰어들어 모험을 할 만한 이들은 앞으로 무한한 가능성을 지닌 청년이어야 했는데, 저자의 분석대로라면 1954년생이나 1955년생이 가장 적합했다. 만약 빌 게이츠가 똑같은 재능과 열정을 지녔지만 5년이라도 더 늦게 태어나거나 더 일찍 태어났다면? 지금의 빌 게이츠가 아니었을지도 모른다. 책에서는 빌 게이츠와 더불어 몇몇 IT 업계 거장들의 생년월일을 보여준다.

- 스티브 잡스, 애플 창업자, 1955년 2월 24일
- 에릭 슈미트, 구글 CEO, 1955년 4월 27일
- 빌 조이, 선마이크로시스템 창업자, 1954년 11월 8일

빌 게이츠는 타고난 재능을 뒷받침해주는 가정환경, 노력을 가능케 한 일련의 기회, 그리고 역사적 배경까지 타고나는 행운을 누렸고, 여기에 그의 재능과 노력이 더해져 어마어마한 성공을 거머쥐었다.

부모의 응원이 '힘'이 아닌 '짐'이 될 때

《아웃라이어》는 민사고에서 심리학 수업을 듣는 1학년 학생들에게 읽혔던 책이다. 이제 막 민사고에 입학한 아이들은 성공에 매우 민감하다. 민사고 아이들은 여러 이유에서 성공에 대한 강

박을 가지고 있었다. 부모의 기대, 스스로의 욕심, 비싼 학비까지도 무시할 수 없는 요인이었다. 투자한 만큼 가져가야 한다는 마음의 빚 때문인지 꼭 좋은 대학에 합격해서 성공해야 한다는 일념이 강했다. 스스로의 욕심이 전부라면 성공하고자 하는 마음이 감당하기 힘든 짐으로 느껴지지 않을 것이다. 이런 아이들보다는 압박이 심하거나 결과중심적인 부모 밑에 있는 아이들이 스트레스를 심하게 받았다.

이 책에 의하면 부모가 자녀교육에 적극적으로 개입하는 것은 이점으로 작용한다. 하지만 민사고 아이들에게는 바로 이것이 큰 짐이었다. 중간고사에서 한 과목이 4등급을 받았다며 걱정하던 친구가 기억난다. 민사고에서 4등급은 나쁘지 않은 성적이었다. 게다가 전 과목에서 4등급을 받은 것도 아니고, 단 한 과목에서만 받은 성적이었다. 상담 교사로서 위로해주고 싶어 이런저런 이야기를 해주었을 때 그 친구는 힘없이 말했다.

–네, 그런데 저희 아빠는 그렇게 생각 안 해요.

주제에 대한 깊은 통찰을 위트 있게 전해주는 저서들로 한국에서도 잘 알려진 영국의 철학가 알랭 드 보통은 테드 연설에서 "성공에 대해 '친절한' 철학을 갖자"고 말했다. 알랭 드 보통은 성공 여부에 따라 한 개인의 가치를 판단하기 전, 그들이 어떻게 그 위치에 도달했는지 나는 알 수 없다는 생각으로 한 발짝 물러서 있기를 권했다. 우리도 우리 아이들의 성공 여부에 있어 조금만 더 친절해지자. 최선을 다했다면 그것으로 충분하며 결과를 결정짓는 일은 우리의 몫이 아니라고 말이다.

우리는 자주 상대방이 지금 어떤 일을 하고 있고, 성공했느냐에 따라 관심과 사랑과 인정을 준다. 그러나 '금수저와 흙수저'라는 말에서 알 수 있듯 우리는 동등한 선상에서 출발하지 않는다. 게다가 《아웃라이어》의 저자가 말하듯 성공으로 가는 길에는 '운'처럼 개인이 통제할 수 없는 요소가 너무 많이 개입한다. 우리가 성공을 개인의 노력이나 능력에 의한 것으로만 보면 성공한 사람은 대단한 사람이 되지만, 그렇게 하지 못한 사람들은 루저나 패배자가 된다. 하지만 성공한 사람들의 성공이 온전히 그들의 것일 수 없듯, 실패한 사람들의 실패도 온전히 그들의 것은 아니라고 한다.

'노오력'이라는 신조어를 들어봤을 것이다. 이미 노력하고 있는 사람들에게 성공에 이르지 못하는 것은 노력을 더 하지 않아서니 더더욱 노력하라고 말하는 기성세대나 기득권층을 향해 항변하듯 만들어진 말이다.

'노오력'이란 말 속에는 죽어라 노력해도 좀처럼 나아지지 않는 사회구조에 대한 풍자가 들어 있다. 대한민국의 젊은 세대는 이미 개인의 노력만으로는 어찌할 수 없는 사회구조를 뼈저리게 느끼고 있다. 이런 세상에서 들고 온 결과에 대해 부모마저 아이를 몰아세운다면, 그 아이는 가차없는 현실을 살아나갈 힘을 어디에서 얻어야 할까.

'재미'와 '의미' 사이에서 균형 잡기

/

쾌락주의적 행복과 자기실현적 행복

긍정심리학 수업 때 종종 '미래의 나'에 대해 이야기하는 시간을 갖곤 했다. '내가 원하는 나'의 10년 후나 20년 후의 모습을 되도록 상세히 떠올려보는 것이었다. 긍정적인 에너지를 북돋아주고 목표를 갖게 하며 자신이 어떤 삶을 살고 싶은지에 대해서도 생각해볼 수 있는 시간이었다.

긍정심리학 수업에서 이 '미래의 나'에 대해 나눠보던 때였다. 자원해서 말하는 학생이 없어 평상시 발표를 잘 하지 않던 한 이과 학생을 지목했다. 그 아이가 말했다.

–돈 많이 벌어서 사고 싶은 거 다 사고, 먹고 싶은 거 다 먹고

요. 기왕이면 빌딩도 하나 사놓고. 아무튼 하고 싶은 거 다 하면서 살고 싶어요.

학생은 자기 말이 조금 속물적이라고 느꼈는지 멋쩍게 웃었다. 그 학생의 꿈을 비난할 생각은 전혀 없다. 어쩌면 오늘을 사는 모든 사람들의 꿈일 수도 있으니까. 하지만 미래가 창창한 청소년이기에 좀 더 희망적인 꿈을, 또 다른 성공을 이야기했으면 어땠을까 하는 아쉬움이 남았다.

건물주가 꿈이 돼버린 아이들에게 앞서 소개한 〈행복을 찾아서〉와는 대비되는 영화를 또 하나 소개하고 싶다. 주제나 내용은 전혀 다르지만 〈행복을 찾아서〉처럼, 1990년대 미국에서 성공한 금융 중개사의 이야기를 다룬 〈더 울프 오브 월스트리트〉다.

실존 인물인 크리스 가드너가 역경을 이겨내고 취업에 성공하는 모습을 그린 〈행복을 찾아서〉와 같이, 〈더 울프 오브 월스트리트〉도 조던 벨포트라는 사람의 실화를 그려낸다. 다른 점은 조던 벨포트의 성공 과정이 주가 조작과 사기 행각, 마약 등으로 얼룩져 있다는 점이다. 영화는 그가 어떤 방식으로 성공을 이어나가고 어떻게 몰락하는지, 그리고 마지막으로 어떻게 재기하는지를 보여준다.

주인공인 조던 벨포트가 자신이 이끄는 회사 사원들의 사기를 끌어올리기 위해 힘 있게 말하는 신은 가히 명장면이다.

-한번 옆 사람의 얼굴을 봅시다. 멀지 않은 미래에 그는 옆 자리에 젊고 멋진 아내를 낀 채 새로 나온 포르쉐를 타고 지나갈 것입니다. 그가 그럴 때 당신은 옆에 누구를 태우고 있을 겁니까?

두 영화 속 주인공들이 추구한 행복은 각각 무엇이었을까? 〈행복을 찾아서〉의 크리스 가드너와 〈더 울프 오브 월스트리트〉의 조던 벨포트는 각각 어떻게, 그리고 얼마만큼 행복했을까?

크리스 가드너가 찾으려 한 행복은 궁극적으로 자신이 될 수 있는 최고의 모습이 되는 것 혹은 꿈을 이루는 것, 그리고 찢어지는 가난에서 벗어나 아들에게 좋은 환경을 만들어주는 것으로 요약된다. 이를 위해 힘든 과정을 이기고 성공해 결국 행복해졌다는 것이 영화가 보여주고자 하는 바다. 반면 조던 벨포트의 행복은? 대사를 보면 짐작할 수 있듯이 '젊고 멋진 아내와 함께 새로 나온 포르쉐를 몰고 다니는 것' 정도가 되겠다. 쾌락적 성격이 이보다 더 짙을 수 없다. 영화도 이 부분을 적극적으로 비추는데, 영화의 상당 부분에서 주인공이 어떻게 돈과 마약과 섹스를 탐닉하는지 질리도록 보여준다.

두 인물을 보면서 이런 질문을 해볼 수 있다. '행복이란 무엇일까?' 크리스 가드너의 행복과 조던 벨포트의 행복을 동일한 선상에서 같은 행복이라 말할 수 있을까?

아리스토텔레스와 에피쿠로스의 공통점

심리학자들이 처음으로 행복이라는 것을 과학적으로 연구해보고자 했을 때 가장 먼저 한 일은 행복을 '정의' 내리는 것이었다. 이미 사전에 행복의 정의가 나와 있을 텐데 무슨 소리냐고? 어떤 대상을 과학적으로 살펴보기 위한 첫 걸음은 그 대상을 측정하는 것이다. 이 측정을 위해서는 대상에 대한 명확한 정의가 내려져야 한다.

심리학에서 다루고자 하는 대상은 정의 자체가 모호한 경우가 많다. 예를 들면 '기억'이 그렇다. 내가 기억하는 과정을 연구하겠다고 할 때, 이 기억은 무엇을 말하는 것일까? 어떤 정보를 머릿속에 저장하는 과정을 말할까? 머릿속에 저장된 것을 유지하는 것을 말할까? 머릿속에 있는 정보를 끄집어내는 것을 말할까? 심리학자들은 우리가 "기억한다"고 뭉뚱그려 부르는 행위에 대해 알아내기 위해 위의 세 과정을 따로 정의 내리고 부호화, 저장, 인출로 각각 다르게 부른다.

더 모호한 경우는 '사랑'이다. 사랑은 분명 많은 사람들이 경험하는 심리적인 일이지만, 이것을 연구하자고 들면 문제가 생긴다. 일단 이것을 어떻게 정의 내리고 측정해야 할지부터가 모호하다. 이런 이유에서 심리학자들은 '관계에 대한 만족도'에 대해서 많은 연구를 했고 사랑과 비슷한 '애착'이라는 개념을 따로 만들어 연구를 진행해왔다.

행복도 사랑과 크게 다르지 않은 경우다. 행복을 정의 내리는데 걸림돌은 바로 가치판단에 대한 문제다. 혹시 독자들 중 크리스 가드너와 조던 벨포트의 서로 다른 행복을 보며, 조던 벨포트의 행복은 진정한 행복이 아니라고 생각한 사람이 있는지? 무엇이 옳고 그른지에 대해서가 아니라 행복을 무엇이라고 정의 내릴 것인가에 대한 이야기를 하려는 것이다.

의미 없는 쾌락으로 점철된 어느 사기꾼의 행복한 삶을 "행복하다"고 인정할 것인가 말 것인가는 심리학자들이 행복이라는 단어를 처음 마주했을 때 맞닥뜨렸던 고민이었다. 그리고 그 고민의 결과, 행복에 대한 연구는 '쾌락주의Hedonic'와 '자기실현Eudaimonic'이라는 두 갈래로 나뉘었다.

좋든 싫든 조던 벨포트가 즐긴 향락의 인생을 행복한 인생이라고 인정할 수 있다면 당신은 쾌락주의적 관점을 취하는 사람이다. 이 관점을 지닌 심리학자들은 누가 뭐라든 본인이 즐겁고 만족스럽다고 하면, 그것이 바로 행복이라는 입장이다.

반면 조던 벨포트의 행복을 행복이라 인정할 수 없다면 당신은 자기실현적 관점을 취하는 사람이다. 이 관점을 지닌 심리학자들은 행복에 즐거움과 만족을 넘어서는 무엇이 있다고 본다. 자신의 잠재력을 충분히 꽃피우고 최고의 자신이 되는 것, 의미 있는 성취와 인격적인 성숙을 이루는 것 등이다. 한마디로 '훌륭한 사람'이 되는 것이 행복한 삶에 포함돼야 한다는 입장이다.

쾌락주의적 관점에서 행복은 가치중립적이다. 행복을 저마다 주관적으로 느끼는 심리 상태로 보기 때문이다. 그래서 쾌락주의적 관점에서는 마약과 성적 쾌락으로 점철된 조던 벨포트의 행복을 본인만 행복하다고 한다면 행복이라 인정한다.

그러나 자기실현적 관점에서는 이를 행복이라 인정하기 어렵다. 자기실현적 관점에서는 어떤 사람의 행복이 행복으로 인정받으려면 사회적으로 봤을 때 바람직해야 한다. 행복한 사람이라 인정받으려면 역경을 이겨내 훌륭한 금융인으로 성공한 크리스 가드너와 같은 아버지가 되어야 한다.

행복에 대한 연구가 이렇게 두 갈래의 길을 걷게 된 데에는 고대 그리스 철학자인 아리스토텔레스와 에피쿠로스가 정립해놓은 행복관에 그 영향이 있다. 아리스토텔레스는 행복을 '인간의 고유한 기능이 덕에 따라 탁월하게 발휘되는 영혼의 활동'이라고 정의 내렸다. 즉 개개인의 잠재력과 덕이 잘 발현되는 것을 말한다. 그는 심지어 쾌락을 추구하는 삶을 천박하다고 표현했다. 반면 알랭 드 보통의 《젊은 베르테르의 슬픔》에 의하면 에피쿠로스는 다음과 같이 말했다.

> 만약 나에게서 미각의 쾌락을 빼앗고, 성적 쾌락을 빼앗고, 듣는 쾌감을 빼앗고, 또 아름다운 형태를 봄으로써 일어나는 달콤한 감정들을 빼앗아버린다면 나는 행복의 본질을 어떻게 이해해야 할지 모르겠다.

에피쿠로스가 순간적이고 감각적인 쾌락만을 추구했던 것은 아니다. 그는 '따뜻하고 열려 있는 공동체와 함께하는 소박하고 자유로운 삶'을 행복이라 말했다.

쾌락주의와 자기실현, 에피쿠로스와 아리스토텔레스 사이에 공통점이 있다면, 양쪽 모두 행복을 장기적인 경험으로 본다는 것이다. 쾌락주의적 관점에서도 순간의 쾌락은 행복이라 생각하지 않으며 좀 더 장기적으로 만족하고 기쁨을 누리는 삶을 행복이라고 본다.

"무엇을 추구하며 살 것인가"라는 질문

사실 행복을 정확히 무엇이라고 정의 내릴 것인가는 일상을 사는 우리에게 중요하지 않을 수 있다. 우리에게 중요한 질문은

"무엇을 추구하며 살 것인가"의 문제다. 쾌락주의적 관점으로 '재미와 즐거움과 안락함'을 추구하며 살 것인가, 아니면 자기실현적 관점으로 '발전하고 성장하는 의미 있는 삶'을 추구하며 살 것인가의 문제다.

현대사회는 쾌락주의적 관점을 부추긴다. 자본주의는 소비를 통해 돌아가고, 소비는 쾌락과 긴밀하게 연관돼 있다. 우리는 끊임없이 어떤 물건이나 경험을 획득하면 행복해질 것이라는 메시지를 받고, 또 그렇게 믿는다. 나를 위해 사고, 여행을 가고, 돈을 쓰면 행복해질 것 같고, 또 이를 통해 실제로 어느 정도 기쁨이나 만족감을 얻기도 한다. 하지만 연구를 통해 밝혀진 사실은 다르다.

행복 연구의 분야에서 주를 이루고 있는 관점은 쾌락주의적 관점이다. 하지만 철저히 쾌락주의적 관점에서 이뤄진 연구들을 살펴보면, 역설적이게도 행복은 자기 자신의 안위와 기쁨만을 위하는 삶에서 오는 것은 아니라는 결론에 다다른다.

단적으로, 2008년 〈사이언스〉 지에 실린 캐나다의 브리티시컬럼비아대학교 엘리자베스 던 교수팀의 논문이 있다. 돈이 있다면 다른 사람을 위해 쓰는 것이 자신을 위해 쓰는 것보다 행복을 증진시킨다는 결과를 보여준 연구다. 그들은 직장에서 보너스를 받은 사람들이 돈을 어디에 쓰는지 조사하면서 보너스를 받기 전과 보너스를 지출한 후의 행복도가 어떻게 달라지는지를 조사했다.

그 결과, 다른 사람들을 위해 보너스를 많이 쓴 사람일수록 그전보다 더 행복해졌다는 점을 알 수 있었다. 반면, 자신을 위해 썼던 금액은 행복을 증진시키는 데 아무 역할을 하지 못했다.

대학생들을 대상으로 한 또 다른 실험도 있다. 던 교수팀은 대학생들에게 5달러 혹은 20달러를 준 후 오후 5시가 되기 전까지 자신을 위해, 혹은 다른 사람을 위해 쓰고 오라는 과제를 줬다. 그 결과, 얼마를 받았든 상관없이 다른 사람들을 위해 돈을 쓰고 온 학생들이 돈을 받기 전보다 더 행복하다고 했다. 심리학자들은 타인을 위한 소비가 행복을 증진시키는 현상을 부유한 나라에서는 물론 경제적 여유가 없는 많은 국가들을 포함해 거의 전 세계적으로 발견할 수 있었다.

쾌락주의와 자기실현 관점은 양극단에 있는 것처럼 보이지만, 사실 이 둘은 서로 조화를 이룰 수 있다. 즐거움과 자신의 안위를 추구하는 동시에 스스로가 될 수 있는 최고가 되기 위해 노력하며 의미 있는 삶을 추구할 수 있다는 뜻이다. 우리가 더 행복한 삶을 살아가기 위해서는 양쪽이 모두 필요하다. 심리학자들은 발전과 성장을 추구하지만 무미건조하게 사는 것도, 혹은 극단적으로 즐거움과 쾌락만 좇으며 사는 것도 풍성한 삶을 사는 방법이 아니라고 말한다.

우리뿐만 아니라 자녀들도 진정으로 행복한 삶을 살기 위해서는 둘 사이의 균형을 잘 찾아야 한다. 특히 일의 영역과 진로를 결정하는 데 있어서는 더욱 그렇다. 하는 일에서 충분한 이익이 창출되고 어떤 측면에서든 즐거움을 느끼는 것은 매우 중요하다. 하지만 세상, 그리고 나에게 의미가 있는 일이라고 느껴질 때 우리는 만족하며 살 수 있다.

여기저기 기웃댈수록 꿈이 뚜렷해진다
/
정서 예측과 초점 착각

교사로서 민사고에서의 첫 수업이 있던 날, 나는 바들바들 떨면서 교실에 들어섰다. 학생들이 혹시 이유 없는 반항을 하지는 않을까? 알 만큼 다 아는 학생들일 텐데 질문에 답을 못 하면 어쩌지? 이런저런 걱정 속에서 긴장된 상태로 수업을 시작했는데, 뭔가 이상했다. 열 명 남짓한 학생들 중에서 내 수업에 열중하는 건 여학생 몇몇뿐, 나머지 대부분은 엎드려 있었다. 다른 수업에서는 전혀 일어나지 않는 일이었다. 그때 예서가 다가와 말했다.

—선생님, 재네 너무 신경 쓰지 말고 그냥 무시하세요. 철이 안

들어서 그래요. 그리고 어느 정도 입시가 끝난 터라 지금 애들이 좀 느슨하거든요.

첫 수업으로 잔뜩 긴장한 상태에서 당황했던 나는 예서를 통해서야 상황을 이해했고, 예서의 말에서 위안을 받을 수 있었다. 예서는 이후에도 종종 나를 찾아와 학교가 돌아가는 사정을 알려주었고 점점 나와 가까워졌다. 나는 국제반에서 심리학과 지망생이었던 예서의 면접 준비를 도와주었고, 예서는 곧 UCL University College of London 심리학과에 합격했다.

그 후 여름방학 때 한국에 들어온 예서가 나를 찾아왔다. 예서는 심리학 공부가 재미있다며 이런저런 이야기를 했다. 그렇게 가끔 연락을 하며 지내다가 2018년 여름, 나의 출산 소식을 들은 예서와 다시 오랜만에 연락이 닿았다. 그런데 예서는 뜻밖의 말을 했다.

–선생님, 몸조리 잘하고 계시죠? 아기 건강하고 씩씩하게 잘 자랄 거예요! 저는 7월부터 홍콩 투자은행에서 일하게 됐어요! 조만간 홍콩으로 갈 것 같아요.

응? 투자은행? 사실 나는 예서가 심리학 공부를 계속 이어나갈 것이라고 생각했다. 전공으로 선택하고 나서도 워낙 좋아했기에 은행으로 진로를 정한 건 조금 의외였다.

–박사 과정까지 밟을 줄 알았는데, 어쩌다 투자은행에 들어간 거야?

–아, 그게……. 심리학이 배울 땐 너무 재미있었는데 막상 커리어로 끌고 가기엔 확신이 안 들었어요. 회사 일을 좀 해보자 싶어서 인턴으로 들어갔는데 생각보다 잘 맞았어요. 아직 시작하는 단계라 가능성을 열어두고 유연하게 생각하려고요. 그래도 심리학을 공부할 때는 너무 재미있고 행복했어요.

결과적으로 정말 잘됐다고 생각했다. 의외로 잘 맞는 것을 찾았고, 또 잘 맞는 일을 하게 됐다는 것이 얼마나 큰 축복인가. 심리학을 공부했다고 해서 꼭 심리학과 관련된 일을 하라는 법은 없다.

예서에게는 더할 나위 없이 잘된 일이고, 또 이렇게 훌륭한 진로 탐색의 사례도 없다. 무엇이든 직접 경험해보기 전에는 모른다. 예서가 심리학도로서 공부를 시작할 때만 하더라도 훗날 투자은행에서 일할 수 있다는걸 짐작이나 했을까? 그 일을 해보기 전에도 은행 일이 잘 맞을 수 있다고 생각했을까?

'미래의 나'를 정확히 예측할 수 없는 심리학적 이유

어떤 결정을 내릴 때 우리는 그 선택으로 인해 앞으로 나에게 어떤 기분이나 감정이 따라올 수 있는지를 가늠해보고 판단을 내린다. 심리학과를 선택했을 때가 경영학과를 선택했을 때보다 내 인생이, 내가 느낄 감정들이 더 좋을지 나쁠지, 이 선택이 얼마나 오랫동안 강한 영향을 미칠지를 따져본다. 이런 생각의 방식을 날씨 예측하듯 감정도 예측해본다는 의미에서 '정서 예측Affective forecasting'이라 부른다.

문제는 우리가 정서 예측을 할 때 반복적으로 저지르는 실수가 있다는 것이다. 다들 이런 경험이 한 번쯤은 있을 것이다. 연락이 거의 끊겼던 친구와 정말 오랜만에 만나기로 한다. 다음 주 토요일로 약속을 잡고 기대에 들뜬다. 학창 시절 함께했던 추억이 많아 너무 반갑다.

드디어 친구를 만나기로 한 토요일. 마냥 기쁜 마음으로 집을 나설 줄 알았지만 어젯밤 야근한 탓에 몸은 천근만근이고, 가는 길을 확인해보니 생각보다 교통지옥이다. 기대했던 것만큼 영 내키지는 않지만 약속을 지키기 위해 지친 몸을 일으켜 세운다. 막상 친구를 만나면 반가울 것을 알기에 집을 나선다. 하지만 약속 장소에서 만나 이야기를 나눌수록 우리는 서로 너무 다른 삶을 살아왔다는 것을 실감한다. 없는 화제를 억지로 찾아가며 대화를 힘겹게 이어나가다 친구와 멀어졌던 이유가 있었음을 깨닫는다. 처음 친구와 약속을 잡을 당시만 해도 즐거운 한때를 보낼 상상을 했지만, 만나고 나니 오히려 씁쓸함만 남는다.

우리 삶에는 이렇듯 우리의 예상이나 기대와는 다른 경험을 하게 되는 경우가 많다. 결국 거의 모든 일은 실제로 겪어보기 전에는 정확히 어떻게 될지 아무도 모른다. 하지만 오늘 밤 치킨을 먹을지, 김치찌개를 먹을지 같은 사소한 일부터 이 사람과 결혼을 할지 말지와 같은 삶의 중요한 문제까지 대부분의 의사결정을 우리는 불완전한 예측에 의거해 내린다. 특히나 사람들은 어떤 일이 시간적으로 멀리 떨어져 있을수록 그 일에 대해 추상적이고 단순하게 생각하는 경향이 있으니 예상이 빗나갈 확률은 더 높아진다.

가령 '1년 후 온 가족이 함께하는 캠핑 여행'이라고 하면 '그림 같은 푸른 자연 경관에서 뛰어노는 아이들' 같은 장면이 떠오르면서 마냥 설레겠지만, 캠핑이 일주일 앞으로 닥치면 갑자기 예상치 못했던 수만 가지의 것들이 수면 위로 떠오른다. 준비해야 하는 캠핑 물품들은 기본이고 모기를 비롯한 각종 벌레와의 전쟁, 가는 길에 끊임없이 보채는 아이들, 제대로 씻지 못하는 찝찝함과 새벽까지 큰 소리로 떠드는 주변 캠핑족들까지 그 장면의 일부를 확대해보며 생각이 조금 달라지는 것이다. 이를 '초점 착각focusing illusion'이라고 한다. 마치 카메라 앵글을 어느 한 부분에만 초점을 맞춘 듯, 어떤 일의 한 단면에만 집중하느라 전체에 주의를 기울이지 못해 발생하는 착각이다.

초점 착각으로 인해 우리는 미래에 겪을 일을 정확하게 예상하지 못하고, 정서 예측에도 실패한다. 행복은 우리가 놓치거나 지나친 작은 일들에 의해 좌우되기도 한다.

그리고 인생의 큰 결정을 내리려 할 때, 정서 예측을 정확히 하지 못해 잘못된 판단을 한다면 결과는 오래도록 영향을 미칠 수 있다. 정확한 판단을 위해서는 그 일의 면면을 알고 이를 예상에 포함시켜야 한다. 다른 사람의 경험을 참고하는 것이 도움이 될 수 있다.

엘리자베스 던 교수 연구팀은 〈돈이 있어도 행복하지 않다면, 그건 아마도 당신이 돈을 제대로 쓰고 있지 않기 때문〉이라는 논문에서 마지막 조언으로 "자신의 생각을 따르지 말고 사람들을 따르라"고 말한다. 집에 앉아서 어떤 상품이나 사건에 대해 아무리 머리를 열심히 굴려 예측해도, 직접 경험해본 사람들의 후기만큼 정확할 수 없다는 것이다.

정서 예측을 주로 연구하는 하버드대학교의 심리학과 교수 대니얼 길버트와 동료들 또한 가장 정확하게 정서 예측을 하는 방법은 이미 그 길을 가본 사람들의 이야기를 들어보는 것이라고 말한다. 〈사이언스〉 지에 실린 그들의 논문은 5분 정도의 짧은 스

피드 데이트를 먼저 경험한 다른 학생들의 반응을 먼저 본 학생들이 미래에 자기가 할 반응을 더 정확하게 예측한다는 점을 보여준다. 참고할 수 있는 다른 사람의 경험이 없다면, 남은 방법은 하나뿐이다. 직접 경험해보는 것!

자녀가 하고 싶은 것이 없어 고민한다면

예서와 같이 일을 직접 해보고 몸으로 부딪혀보는 과정은 흥미와 적성을 알아가는 데 필수적이다. 많은 사람들이 자기성찰을 통해 자신의 관심 영역이나 재능 등을 알아낼 수 있다고 생각한다. 그러나 다양한 경험이 없는 상태에서의 성찰은 허공에 떠다니듯 현실과 동떨어져 있을 확률이 높다.

자기가 무엇을 잘하는지, 무엇을 좋아하는지 도통 모르겠다는 아이들에게는 책상에 앉아 생각할 시간이 필요한 것이 아니라 세상 밖으로 나가 뭐라도 해볼 수 있는 기회가 필요하다. 그게 무슨 일이든 몸소 체험한 사실을 통해 깨닫고 느끼는 점이 반드시 있기 마련이다. 해보지 않고서는 그 일이 정말 자신에게 맞는 일인지 알 수 없다.

한 분야에 집중하기 전, 아니 끈기와 노력을 기울일 한 분야를 찾아내기 위해 여러 관심 영역을 탐색하는 일이 얼마나 중요한지에 대해서는《그릿》의 더크워스 교수 또한 다음과 같이 말했다.

> 내가 면담한 그릿의 전형 대부분이 여러 관심사를 탐색하며 수년을 보냈고, (그들은) 처음에는 평생의 운명이 될 줄 몰랐던 일이 결국 깨어 있는 매 순간과 종종 잠들었을 때까지 차지하는 일이 됐다고 했다.

끈기와 집념으로 자기 분야에서 명성을 쌓은 사람들의 시작은 이것저것을 경험해보며 탐색하는 일이었다. 더크워스 교수는 올림픽 금메달리스트인 수영선수 로디 게인스의 인터뷰도 책에서 함께 소개했다.

> 나는 어렸을 때 운동을 좋아했습니다. 고등학교에 입학한 뒤로는 미식축구, 야구, 농구, 골프, 테니스를 거쳐 수영팀에 들어갔죠. 이 팀 저 팀을 계속 기웃거렸습니다. 푹 빠질 수 있는 종목을 찾을 때까지 여기저기 기웃거렸던 것 같아요.

수영으로 세계 최정상에 섰으며 천부적인 재능을 타고났을 것 같은 사람마저도 '탐색'의 시간을 거쳤다는 것은 그들의 시작이 다른 사람들의 시작과 크게 다르지 않았음을 뜻한다. 만약 로디 게인스가 좋아하는 여러 운동 종목을 탐색해볼 수 없는 환경에서 태어났다면? 만약 로디 게인스가 자신의 아들은 반드시 의사가 돼야 한다는 생각으로 가득 찬 부모 밑에서 태어나 공부하기만을 강요받았다면? 수영에 대한 그의 흥미와 재능은 결단코 발견되지 못했을 것이다.

'아님 말고'의 정신, 탐색의 힘

얼마 전 만났던 민사고 졸업생이 나에게 이런 이야기를 했다.

–민사고에 입학할 때 장래희망에 대해서 이야기하는 시간에 저는 경제학자가 돼서 세상을 리드하겠다고 말했는데, 이게 지금 생각해보면 정말 말도 안 되는 이야기였어요. 뭐라도 말해야 해서 지어냈던 거죠. 지금 저는 경제와는 아무 상관없는 인생을 살고 있어요. 휴학한 후 이것저것 해보고 있는 지금에야 어떤 인생을 살고 싶은지, 어떻게 그 꿈에 다가갈지 명확해졌어요. 전에 어떤 친구가 이런 말을 하더라고요. 자기도 휴학하고 싶다고. 그래서 너도 해보라고 말해줬더니 그 친구는 휴학하고 나서 뭘 해야 할지도 모르겠고, 그냥 막연할 것 같다고 하더라고요. 근데 사실은 휴학 후 해야 하는 일에 정답은 없잖아요. 관심 가는 것들을 아무거나 다 해보면 되는 거죠. 그런데 누가 일러주거나 어떤 길이 명확해 보이지 않는 이상 대부분 단 몇 달간이라도 혼자서 알차게 생활하는 것이 불가능하다고 생각하는 것 같아요.

아직 진로에 대한 확신이 없는 아이들에게는 '아님 말고'의 정신이 필요하다. 처음부터 완벽하게 자신과 맞는 일을 찾거나 확실한 길을 가겠다는 생각을 조금 내려놓고, 나와 맞지 않으면 방향을 수정하면 된다는 생각으로 탐색하려는 자세가 필요하다.

얼마 전 예서와 다시 이야기를 나누게 됐을 때 나는 예서가 홍콩에서 하는 일은 할 만한지, 재미는 있는지 물어봤다. 예서는 이렇게 답했다.

–아직 조금 더 해봐야 알 것 같아요. 일단은 경험한다고 생각하려고요.

대학에 들어가도, 취직을 해도, 진로에 대한 고민은 끝나지 않는다. 인턴을 해보고 직장을 결정한 예서처럼 한 걸음 한 걸음 경험해보고 나아가면서 자신과 꼭 맞는 길을 발견하리라 믿는다. 우리의 아이들 모두에게 그 믿음을 걸어본다.

3장

관계 역시 배움의 영역이다

· 인간관계 편 ·

인간관계는 많은 사람들에게 스트레스의 원인이 되기도 하고 반대로 위로를 주는 버팀목이 되기도 한다. 민사고 아이들은 가족과 떨어져 친구들이나 선생님과 함께해야 하는 기숙사에서 24시간 생활하며 인간관계의 다양한 면을 더욱 진하게 겪는다. 이 아이들은 답답한 기숙사 생활을 어떻게 견뎌내고, 부모님과의 갈등은 또 어떻게 해결해갈까? 이번 장에서는 심리학 수업이나 상담을 통해 인간관계에 대해서 무엇을 배우고 또 답을 찾아가는지 함께 살펴보자.

민사고 기숙사를 통해 본 관계의 학습성
/
소속 욕구와 타인이라는 지옥

요즘 서점에서 자기계발서나 인간관계, 심리학 분야의 베스트셀러들을 살펴보면 상당수가 다음과 유사한 메시지를 던진다.

> 지금부터 나는 다른 사람들에게 휘둘리거나 상처받지 않기로 했다. 당신도 그렇게 살고 싶다면 이 책이 그 방법을 알려줄 것이다.

우리가 얼마나 많은 시간과 에너지를 인간관계에 허비하고 있기에 이런 종류의 책이 불티나게 팔리는 것일까? 프랑스의 철학자 샤르트르는 "타인은 지옥"이라고 말했다. 주체성과 자유를 지닌 인간은 타인과 관계를 맺으면서 타인의 시선에 의해 어떤 대상이 되고, 본연의 주체성을 잃으면서 실존이 황폐화된다는 뜻이다. 하지만 인간은 사회적 동물이므로 사회와 관계를 맺고, 사회를 이루는 인간들과 관계를 맺으며 살아갈 수밖에 없다.

친구 사귀기가 더욱 힘든 요즘 세대

우리는 아주 오랫동안 이렇게 살아왔다. 인간관계로 인해 스트레스가 쌓이는 건 특별한 일이 아니다. 그런데 개인의 삶이 점차적으로 중요해지는 풍조와 맞물리면서 스트레스가 더욱 가중되는 것으로 보인다. 많은 사람들이 책의 도움이 필요할 정도로 큰 스트레스를 받는 것이다. 성인도 그러한데, 한창 친구관계가 중요하면서도 민감하고 혼란스러울 시기의 청소년들은 어떠할까?

흔히 볼 수 있는 요즘 책들이 풍기는 뉘앙스대로 다른 사람들을 신경 쓰지 않는 기술을 익히면 고민이 사라질까? 아니, 아예 쓸데없는 인간관계를 모두 없애버린다면? 좀 극단적이지만 상상을 해보자. 성가신 인간관계가 전혀 없는 환경에 놓인다면 어떨까? 예를 들어, 도심에서 누릴 수 있는 모든 것을 똑같이 누릴 수 있는 섬이 있다고 치자. 훌륭한 전시나 영화를 본 후 예쁜 동네를 구경 다니고 유명하다는 음식점에서 맛있는 음식도 먹을 수 있는데 주위에 아무도 없다면? 아무리 인간관계에서 미니멀리즘을 추구하는 사람이라 할지라도 못 견딜 일이다.

비행기가 난파돼 무인도에 홀로 남겨지는 이야기를 그린 영화 〈캐스트 어웨이〉에서도 주인공은 섬에 떨어진 지 불과 며칠 만에 배구공에 얼굴을 그려 말동무 '윌슨'을 만든다. 그리고 무인도에서 사는 4년간 주인공은 모든 생각과 감정과 일상을 배구공 윌슨과 나누며 지낸다. 영화가 개봉되기 거의 300년 전 출간된 소설 《로빈슨 크루소》에서도 무인도에 홀로 남겨진 주인공이 앵무새를 길들여 말동무를 삼는 내용이 나온다. 누구라도 무인도에 혼자 떨어진다면 이런 친구 한 명 만들지 않고서는 견디기 힘들 것이다.

주위에 사람이 있다는 것은 인간에게 절대적으로 중요하다. 아리스토텔레스는 인간이 만들어낸 '사회'가 실은 우리 인간보다 먼저라고 이야기하며, 사회에 적응하지 못하거나 혹은 다른 사람의 도움 없이 혼자서도 모든 것이 충족되는 존재가 있다면 그것은 사람이 아닐 것이라 주장했다. 사회 적응이 불가능한 존재라면 짐승, 혼자 모든 게 충족되는 존재라면 신이라고 말이다. '짐승'이라고까지 표현하는 것이 좀 거북하지만, 고대 그리스 철학자 아리스토텔레스의 생각에 반기를 들 사람은 없을 것이다.

최근 들어 심리학계에서도 사람이 얼마나 뼛속까지 사회적인 동물인지 보여주는 연구들이 쏟아졌다. 현대사회에서는 누구와도 진득한 관계를 맺지 않은 채 돈만 있으면 살아갈 수 있다고 믿는 사람이 있다.

그러나 인간이 살아온 이래 거의 대부분의 시간 동안 '관계' 없이 사는 것은 불가능에 가까웠다. 다른 사람의 존재가 나의 생존에 필수적이었던 것이다. 사람이 살아가는 데 필요한 여러 가지를 다른 사람들과의 분업 없이 혼자 공급받으려고 한다면 큰 제약이 있을 수밖에 없다. 가능하더라도 여럿이 분업했을 때만큼의 여유로운 삶을 누릴 수 없을 것이다.

인간은 이처럼 혼자서는 살아남기 어려운 존재였다. 현대사회에 와서도 성인이 되기 전까지는 다른 사람의 도움이 절대적으로 필요하다. 이를 내면화한 것을 심리학에서는 '소속 욕구Need to Belong'라고 한다. 심리학자들은 이 욕구를 식욕과 같은 인간의 가장 기본적인 욕구 중 하나라고 본다.

우리가 신체적으로 고통을 느낄 때 뇌에서 활성화되는 부위가 있다. 보통 한쪽에서 무엇인가가 잘못됐다는 것을 감지하면, 다른 한쪽에서는 이로 인해 받는 스트레스를 완화시키려 노력한다. 그런데 신체적인 고통을 느낄 때 활성화되는 뇌의 신경시스템이 우리가 사람들로부터 따돌림을 당하거나 사랑하는 사람과 이별하게 됐을 때에도 동일하게 활성화된다. '총 맞은 것처럼' 가슴이 너무 아프다는 가사는 그저 은유적인 표현이 아니다.

신체적으로 아플 때 사람들이 주는 따뜻한 위로의 말이나 행동들이 우리 몸을 회복하는 데 실질적인 도움이 되기도 하고, 반대로 사회적으로 따돌림을 당하거나 이별하는 데서 비롯되는 고통이 있을 때 진통제가 완화시킨다는 결과도 있다. 따뜻한 인간관계가 사람을 건강하게 하고, 반대로 이런 인간관계의 부재나 외로움을 지속적으로 느끼는 것이 사람의 몸과 마음을 병들게 한다는 연구 결과도 무수히 많다. 한 사람에게 다른 사람들의 존재는 이렇게나 중요하다. 쓸데없고 사소한 일처럼 보일지라도 인간관계로 큰 스트레스를 받는 이유는 역설적으로, 우리에게 다른 사람들의 존재가 그만큼 중요하기 때문이다. 우리 신체 어느 부분에 손상이 가해지면 곧바로 고통을 느끼는 것과 똑같다.

다른 아이들이 같은 공간에 있을 때 벌어지는 일

사람들이 모이는 곳이라면 어디나 그렇듯이 인간관계 문제들은 학교에서도 터져 나온다. 상담 교사로서 겪었던 민사고는 기숙학교라는 그 고유한 특성 때문에 그야말로 관계 갈등의 온상이었다. 문제는 다양했다. 기숙사는 기본적으로 방과 화장실 청소를 스스로 책임져야 하는데 이런 일들을 회피하거나 여럿이 함께 쓰는 방을 너무 지저분하게 만드는 문제는 늘 있었다. 아침 알람을 기상하기 한 시간 전부터 5분 간격으로 맞춰놓아서 다른 친구들의 잠을 방해한다거나 반대로 아예 일어나지도 못해 먼저 깬 다른 친구들이 일으켜 세워 수업에 데려가는 경우도 있었다. 또 친구의 물건을 허락도 없이 맘대로 쓰는 친구와 그런 것을 못 견디는 룸메이트와의 갈등, 음악이나 영상을 크게 틀어놓는다거나 심지어 부적절한 영상을 누가 있든 대놓고 보는 일 등 정말 다양했다. 부모의 보호 아래 아마도 극진한 대접을 받으며 지냈을 아이들이 갑자기 스스로 생활을 책임져야 할 뿐만 아니라 한 방에서 다른 두 명의 친구들과 단체생활을 해야만 하는 환경에 놓이니 오죽했을까.

기숙사 생활은 소속 욕구를 증폭시킨다는 문제도 있었다. 중학교를 갓 졸업한 아이들이 가족과 떨어져 갑자기 친구들과 하루 종일 붙어 지내는 환경에 놓이니 원래라면 부모, 형제 등 주변인들을 통해 자연스럽게 채워져야 할 소속 욕구까지 모두 새로 만난 친구들로부터 채워야 했다. 결국 민사고 아이들은 마음에 맞는 친구를 만나지 못하면 너무 외로운 생활을 해야 하는 것이다. 그래서 민사고에 입학한 아이들 중에는 1학기가 지나면, 계속 남을 수 있을지를 고민하는 학생들이 종종 있었다.

그런데 새학기가 시작된 지 한 달 정도 지난 무렵, 민사고에 더는 못 있겠다고 찾아온 1학년 학생이 있었다.

- 엄마가 시키는 대로 민사고에 오긴 왔는데 제가 좀 친구를 잘

사귀지 못하는 성격이라서요. 기숙사 생활이 너무 힘들어요.

게다가 시키는 것만 공부하다가 민사고에 오니 자율적으로 공부해야 하는 환경에 적응하기가 쉽지 않았던 모양이다. 애당초 오고 싶어서 온 학교도 아니고, 기숙사 생활도 힘들고, 친구 사귀기도 어려웠으니 너무 외롭고 집에 가고만 싶었던 것이다.

기숙사는 친구를 사귀는 것이 절대적으로 중요한 환경이지만 이와 정반대로 혼자 있고 싶을 때 혼자 있을 수 없다는 점도 문제다. 친한 친구들과 함께하는 것이 즐겁긴 해도 24시간 중 단 한 시간도 혼자 있을 수 없어서 힘들다고 호소하는 친구들이 많았다. 민사고는 산책할 공간이 많은 편이었지만 잠깐 산책할 때마저 누군가와 마주치지 않는 일이 거의 드물었기 때문이다.

민사고 기숙사는 어떤 이유에서건 '타인의 지옥'이라 일컬어져도 될 법한 곳이었다. 꼭 기숙사가 아니라도 사람들이 모여 단체생활을 하는 곳이라면 어디나 마찬가지일 것이다. 단지 기숙사에서는 이런 문제가 더 강도 높게 나타날 뿐이다.

우리가 살아가면서 반드시 필요하고 또 인생의 축복이 될 수 있는 인간관계가 지옥이라 느껴지지 않기 위해서는 단체생활의 문제와 소속 욕구로 빚어지는 문제에 대한 해법이 필요하다.

타인의 삶을 존중하는 법

먼저, 단체생활의 문제다. 단체생활은 기본적인 예절이 지켜지면 큰 문제가 일어나지 않는다. 민사고에서 가장 안타까웠던 점은 아이들이 너무 경쟁적이거나 능력 위주로 사람을 평가한다는 점이 아니었다. 아이들은 쓰레기를 버리지 않고 책상 위에 두고 가는 경우가 꽤 있었다. 민사고는 교사들에게 각자의 교실에 있고 아이들이 수업을 들으러 다니는 시스템으로 돌아갔다. 따라서 교실은 선생님의 개인 공간이었다. 나는 아이들이 버리기 쉽게 나가는 문 앞에 쓰레기통을 두었음에도 불구하고 쉬는 시간 마셨던 음료 캔에서부터 이면지, 다 쓴 펜까지 책상 위에 그대로 남겨져 있었다. 이것은 아이들의 잘못도, 학교의 잘못도 아닌 부모의 잘못이라고 봐야 할 것이다. 유치원도 아니고 고등학교에서 쓰레기 좀 잘 버리자는 말을 해야 한다는 게 참 씁쓸했다.

우리는 아이들에게 자신이 머물렀던 자리 정도는 확실히 뒷정리하도록 가르쳐야 한다. 아이들이 가정에서부터 익히고 사회에 나온다면 단체생활은 우리 모두에게 조금 더 수월해질 것이다.

다음, 채워지지 않는 소속 욕구에 대한 근본적인 해결책은 마음이 통하는 친구를 만드는 길밖에 없다. 아이들은 시간이 갈수록 자연스럽게 자신과 마음이 맞는 친구를 찾고 가까워지는 경우가 많다. 하지만 사람들과 상호작용하는 것 자체에 어려움을 겪고 있다면 사회성을 훈련받는 등 전문적인 도움을 받아야 한다.

나는 민사고에서 친구 문제로 힘들어하는 아이들에게 이 또한 지나갈 것이라고 위로를 해주었다. 친구라는 존재가 지금은 매우 중요하게 느껴지지만 그 영역은 점차 줄어들기 마련이니 지금 세상이 나에게서 등을 돌린 것 같더라도 상황은 변할 것이라는 말도 함께 해주었다.

다양한 활동을 하다 보면 언젠가는 마음에 맞는 친구를 사귈 수 있고, 한두 명으로도 충분할 때가 있다. 하지만 외로움을 느끼는 아이들에게 무엇보다 이 학교에서 자신이 의지할 수 있는 사람이 있다는 점을 알려주는 것이 중요했다. 나는 외로워하는 아이들에게 친구가 되어주기를 자처했고, 함께 산책을 하거나 종종 식사를 했다. 이렇게 했더니 처음에는 자주 나를 찾아오던 아이들이 친구를 새로 사귀면서 점차 발길이 뜸해졌다.

혼자 있고 싶은 욕구는 내가 어떻게 해줄 수 있는 부분이 아니었다. 하지만 민사고 아이들을 4년간 지켜본 결과, 아이들은 결국 기숙사 환경에 적응을 해나갔다. 다른 사람의 시선을 신경 쓰지 않는 법을 터득한다거나 인적이 뜸한 곳으로 산책을 가는 등 각자 자신만의 방법을 찾아냈다.

아이들은 민사고에서 자라면서 다른 친구들의 성향이나 취향, 그리고 생활방식이 설령 특이하고 남다르다 할지라도 있는 그대로 인정하는 법을 익혔다. 민사고에는 개성 있고 자신만의 세계가 뚜렷한 아이들이 많았는데, 아마 기숙사 안에서도 특이한 생활습관을 지닌 친구들이 많았을 것이다. 아이들은 다양한 친구들과 섞여 살면서 자연스럽게 타인을 존중하는 법을 배워나갔다.

기숙사에서 생기는 대부분의 문제들은 1, 2학년들 사이에 있었다. 3학년쯤 되면 기숙사 생활과 관련된 문제는 거의 일어나지 않았다. 자립심은 강해지고, 가족보다 나를 더 잘 알고 이해하는 가까운 친구들을 만들었다. 서로를 통해 소속감을 느끼면서도, 24시간 함께하는 친구들과의 단체생활이 지옥과 같이 느껴지지 않는 법을 체득한 것이다.

부모도 아이로부터 독립할 필요가 있다
/
과제 분리와 인정 욕구

어느 날 외모면 외모, 공부면 공부, 운동과 동아리 활동도 활발히 하며 마음씨 좋은 성품까지, 친구들뿐만 아니라 선생님들 사이에서도 인기 만점인 학생이 상담을 청해왔다. 문제가 전혀 없을 것이라 생각했던 학생이었는데 좀 의외였다.

– 외롭고 우울해요. 왠지 모두 날 떠날 것만 같아요.

알고 보니 그 학생은 자기가 완벽하지 않으면 사람들이 좋아해주지 않을 것이라는 생각을 가지고 있었다. 그래서인지 모두에게 친절하고 모든 면에서 완벽하려 애썼다. 한창 친구관계가 정체성과 자존감의 큰 부분을 결정짓는 나이대의 아이들은 간혹 자기 자신을 잃어가면서까지 관계에 목매곤 한다. 나는 그 학생에게 "모든 사람이 자신을 좋아하게 만들 필요도, 완벽할 필요도 없다"고 말해주었다.

한동안 베스트셀러로 이름을 올린《미움받을 용기》는 또래 상담 수업에서 함께 읽었던 책이다. 프로이트와 동시대에 활동했지만 정반대의 주장을 펼쳤던 심리학자 아들러의 이론이 알기 쉽게 정리되어 있다. 프로이트는 현재의 심리 상태를 과거에서 비롯된 것으로 보았지만, 아들러는 이를 부정하고 용기와 의지를 통해 심리 상태가 변화될 수 있다는 주장을 펼쳤다. 프로이트는 인간을 과거에 얽매인, 나약한 존재로 보았던 반면, 아들러는 인간을 좀 더 강한 존재로 인식했다고 할 수 있다.

아무튼 또래관계를 염두에 두고 책을 다시금 읽다 보니 자꾸만 떠오르는 아이가 한 명 있었다. 동시에 또래관계보다 어쩌면 더 중요한 관계에 대해 이야기해야겠다는 생각이 들었다. 바로 부모 자식 간의 관계다.

부모의 기대 때문에 숨막히는 아이들

우진이는 내가 민사고에 부임한 첫 학기, 심리학 입문 내용을 배우는 AP심리학 수업에서 만난 아이다. 사실 우리가 지금까지 연락하고 지낼 줄은 생각지도 못했다. 우진이는 수업을 전혀 듣지 않았고 그냥 엎드려 자기 바빴다. 심리학 수업을 들었던 전체 학생들 중 이렇게까지 매 시간마다 자는 아이는 없었다. 더 얄미운 것은 우진이가 시험 성적으로는 다섯 손가락 안에 들었다는 점이었다. 하지만 우진이를 미워할 수 없었던 이유는 따로 있었다. 종종 수업이 끝난 후 잠에서 덜 깬 상태로 찾아와서는 "선생님, 너무 잠만 자서 죄송해요. 근데 심리학 정말 재미있어요"라고 사죄하는 모습에서였다. 이 말을 하며 어찌나 환하게 웃는지, 악의라곤 전혀 찾아볼 수 없었다. 그 미소에 나는 "그래, 수업이 좀 지루할 수 있지" 하며 내 탓을 하고 말았던 것 같다.

그 후에도 우진이는 마주치면 환한 미소로 인사하며 나를 무장해제시켰고 고학년이 돼서도, 이과 지망생임에도 내 수업을 들었다. 물론 그때도 수업 시간 내내 자기만 했다.

우진이와 더 가까워진 것은 졸업하고 나서였다. 졸업을 앞둔 시점에 우진이는 여러 차례 상담을 요청해왔다. 당시 우진이는 진로, 진학 고민뿐만 아니라 연애 고민도 커서 심란했다. 이제 20대 중반을 바라보는 우진이는 고등학생 때 자기가 상담했던 고민 내용이 너무 웃기다는 말을 할 만큼 컸고, 가끔 맥주도 한잔하며 그렇게 친구와 교사 사이 그 어디쯤이 됐다. 그렇게 가까워지면서 우진이가 부모님과 연락을 끊은 지 꽤 됐다는 사실을 알았다.

- 고등학교 3학년 이후로 어머니와 대화를 나눈 적이 없어요. 어렸을 때부터 부모님한테 받은 스트레스가 엄청 심했거든요.

상황은 안타깝지만 우진이가 부모님과 연락을 하지 않는 이유는 어느 정도 수긍할 수 있었다. 문제가 어머님의 양육방식에 있었기 때문이다. 우진이의 부모님은 우진이가 태어났을 때부터 이미 민족사관고등학교에 입학시키기로 결심했다. 그 결과, 중학생 시절은 말할 것도 없고 초등학생 때부터 방과 후에는 거의 잠자기 직전까지 책상에 앉아 공부만 해야 했다.

가끔 허락을 받을 때 빼고는 친구들과 맘껏 놀지도 못했다. 주요 과목이 아닌 과제는 어머니가 맡아 하고 국어·영어·수학 문제집만 우진이가 풀었다.

부모님의 양육방식은 우진이를 숨막히게 했다. 초등학생 시절 학교가 끝나면 놀이터에서 한참을 놀다 들어오던 것이 일상이었던 나로서는 우진이의 어릴 적 이야기를 듣는 것만으로도 괴로웠다. 한창 뛰어놀아야 할 나이에 그렇게 공부해야만 했으니, 얼마나 답답했을까 싶었다. 나는 우진이의 입장만 들을 수 있기 때문에 정확히 어머님이 어떤 분이신지 알 수는 없다. 아마 그 양육방식이 자녀의 편한 인생을 보장해줄 것이며, 우진이를 위하는 것이라 생각하셨을 것이다. 하지만 이로 인해 우진이는 주도적으로 생각하는 법을 배울 기회가 없었고, 결과적으로 공부에도 흥미를 잃었다. 더 큰 맥락에서 우진이는 자기 인생에 대한 주도권을 갖지 못했다.

민사고 입학은 우진이를 부모의 감시에서 해방시키는 역할을 해주었다. 알고 보니 우진이가 매 수업 시간 잠을 잤던 것도 게임에 빠져 있었기 때문이었다. 당연히 학교에서는 게임이 금지돼 있고, 선생님들의 감독도 있다. 발각되면 벌점을 받고 봉사로 벌점을 없애야 한다. 아마 학교 다닐 동안 우진이는 학교가 청결하게 유지되는 데 큰 기여를 했을 것이다.

재미있게도 우진이는 고등학교를 졸업하고 자취를 시작하면서부터 게임을 줄여나갔고 이제는 거의 안 하게 됐다고 한다. 생활을 통제하는 사람도, 게임하다 적발되면 벌점을 받는 시스템도 없는데 말이다. 요즘 우진이는 자발적으로 친구와 코딩 프로젝트를 구상하고, 무에타이 등 새 취미를 찾아 배우기도 한다.

나의 과제와 타인의 과제를 분리하는 법

우진이를 떠올리며 《미움받을 용기》를 다시 보니 완벽히 공감할 수 있었다. 자유롭고 행복한 삶을 위해서는 누군가로부터 미움받을 용기를 각오해야 한다는 내용은 책 제목 때문에라도 기억하고 있었다. 하지만 새롭게 와 닿았던 것은 '과제 분리'라는 개념이었다.

과제 분리는 '인정 욕구'와도 어느 정도 연관이 있다. 인정 욕구는 말 그대로 타인으로부터 인정받고 싶은 욕구를 말한다. 인간이라면 지극히 자연스레 갖는 욕구이지만, 아들러는 이 욕구를 부정하라고 말한다. 이유는 간단하다. 인정 욕구에 매몰되면 자기 자신의 삶이 아닌 타인의 삶을 살기 때문이다. 다시 말하면 인정받기 위해 다른 사람들에게 끌려다니는 삶을 살 수 있다는 것이다.

타인의 기대에 부응하기 위해 애쓰는 삶은 자유롭고 행복할 수 없다. 상대방의 눈치를 살피며 원하는 것을 채워주려 노력하고 평가에 민감하게 반응하는 사이, 나의 인생을 온전하게 살 여지가 사라지기 때문이다. 아들러는 "우리에게 다른 사람의 기대에 부응해야 하는 의무가 없다"고 주장한다. 그리고 내가 타인의 기대를 충족시켜야 할 의무가 없다면, 상대방도 마찬가지임을 직시해야 한다. 나는 상대방을 위해 존재하는 것이 아니며, 이는 상대방도 마찬가지다. 설령 그것이 부모와 자식이라 할지라도 말이다. 냉정하게 들릴지도 모른다. 그러나 이 간단한 개념을 삶으로 살아내지 못해 꼬이는 관계가, 또 불행한 인생이 얼마나 많은가?

우진이와 부모님의 경우는 인정 욕구보다는 과제 분리 때문에 생긴 문제라 할 수 있다. 과제 분리란 자신의 과제와 타인의 과제를 구분하고, 타인의 과제에는 개입하지 않아야 한다는 개념이다. 아들러는 과제 분리가 되지 않음으로써 많은 관계 문제가 발생한다고 보았다. 그렇다면 나의 과제와 타인의 과제를 어떻게 구분해야 할까? 바로 다음의 질문을 통해서다.

선택에 대한 최종적인 결과를 받아들여야 하는 사람은 누구인가?

《미움받을 용기》에서는 공부하라는 부모와 그 아이를 예로 들고 있다. 공부를 하지 않음으로써 발생하는 최종적인 결과는 부모가 아닌 아이가 받아들여야 하는 부분이다. 만약 아이가 공부하지 않은 책임이 부모에게 있는 것이라고 생각된다면, 그것이 바로 과제 분리가 안 되는 상황이다. 내 아이가 공부하지 않아 받아들여야 하는 현실은 이후 성인이 된 아이의 몫이다. 몸과 마음이 성장한 후에 스스로를 책임지는 것은 자연의 섭리다. 다 크고 나서도 부모에게 자기 '생사'를 맡기는 동물은 없다. 만약 그 아이를 내가 죽을 때까지 책임지겠다는 생각이 아님에도 불구하고 아이가 공부하지 않는 것에 대한 결과가 자신과 관련 있다고 느껴진다면, 아이의 삶을 통해 나의 욕심을 채우려는 마음은 아닌

지 곰곰이 돌아볼 필요가 있다.

불안 대신 믿음을, 기대 대신 지지를

책에서 아들러의 이론을 설명하는 철학자는 또 이렇게 말한다.

> 아이들이 반발하는 이유는 '너를 위해서'가 아닌 '나를 위해서' 공부하라는 부모의 기만을 알아차렸기 때문이다.

그렇다고 아이를 방임하라는 말이 아니다. 공부를 하고 싶으면 언제든지 도와줄 수 있다는 점을 알려주고, 아이가 좋아하는 것이 무엇인지 함께 찾아볼 수도 있다. 혹은 먼저 살아본 사람으로서 공부의 필요성에 대해 설명해줄 수도 있다. 하지만 공부를 강요하거나 또 강요하지 않았을 때 어떤 방식으로든 불이익을 줄 권리는 부모에게 없다. 책에서 철학자는 "말을 물가에 데려갈 수는 있지만 물을 마시게 할 수는 없다"는 속담을 인용한다. 그리고 "과제 분리는 아이를 방임하는 것이며 부모는 아이가 공부를 열심히 할 수 있게 최대한 노력해야 한다"고 주장하는 청년에게 철학자는 다시 말한다. "자신의 인생은 자신밖에 바꿀 수 없다"고.

민사고 졸업 후 우진이는 자신의 인생을 스스로 변화시켰다. 우진이는 빠르게 변하는 현실을 반영하지 못한 교육과정을 맹목적으로 따르다 취직하는 사회 분위기에 회의감을 느꼈다. 그래서 자신이 원하는 삶을 찾아 살기 위해 다니던 미국 대학교에서 무기한으로 휴학을 신청해놓고 한국에 와서 여러 일들을 시도해보는 중이다. 바텐더부터 이모티콘 제작, 로고 디자인, 게임 세계대회 PA에 에어 비앤비 호스트까지, 관심 가는 일은 직접 경험해보기도 하고, 유명 스타트업의 UI/UX 디자이너 겸 프로덕트 매니저로 일하며 틈틈이 여행을 다니고 있다. 경험을 통해 많은 것을 보고 배웠고, 어떤 인생을 살고 싶은지에 대한 가치관도 뚜렷해졌다. 우진이는 디지털 노마드의 삶을 살기 위해 준비를 하나씩 해나가는 중이다. 경제적으로나 정신적으로나 온전히 독립한 채로 앞으로의 삶의 방향을 모색하고 있는 것이다.

우진이가 가족과 틀어진 것에 대해서는 매우 안타깝지만, 애당초 누가 왈가왈부할 일은 아니다. 나는 우진이를 응원하기로 했다. 인정받기 위해 타인에게 끌려 다니는 삶도 아닌, 과제 분리가 되지 않는 부모에게 휘둘리는 삶도 아닌, 진심으로 자신을 사랑하고, 좋아하는 일을 하는 삶을 응원하기로 했다.

우진이의 이야기는 내가 민사고에 있으면서 봤던 몇몇 사례보다 그 심각성이 덜한, 차라리 잘됐다 싶은 경우다. 차마 책에 싣지 못할 만큼 부모 자식 간의 관계나 학생의 삶이 망가진 경우도 있었다. 얼마 전에 방영되었던 드라마 〈스카이 캐슬〉에서 우리는 보았다. 쉰이 넘은 한 가정의 가장이 지금까지 어머니 뜻대로만 살다 빈껍데기만 남았다며, 이제 어떻게 살아야 할지 모르겠다고 목놓아 울고불던 장면을. 이제는 내 아이의 자유롭고 행복한 삶을 위해 부모와 자녀 사이의 공간을 자기 욕심이나 불안, 대리만족이 아닌 신뢰와 지지로 채워야 할 때다.

'혼자'를 즐길 줄 아는 아이의 힘

/

내향성과 외향성

민족사관고등학교라는 직장에서 나와야겠다고 생각한 여러 이유 중 하나는 매일같이 여러 사람을 상대하는 일이 나를 소진시킨다는 것을 깨달았기 때문이었다. 수업을 하는 일은 문제가 아니었다. 심리학을 가르치는 일은 즐거웠다. 하지만 공강 시간이나 방과 후에 이뤄지는 학생과 학부모 상담, 선생님들과의 미팅 등 사람들과의 끊임없는 상호작용에 더해 익명성이 보장되지 않는 24시간의 학교생활이 나를 야금야금 지치게 했다.

재직하는 동안 학교 내 교사 숙소에서 생활하며 식사 또한 학생들과 같이했다. 매일 점심, 저녁을 수많은 학생들과 여러 선생님들에게 둘러싸여 먹어야 했다. 식기들이 부딪히는 소리, 여기저기에서 들려오는 대화 소리, 규칙위반으로 학생들을 혼내는 소리 등 여기서 밥을 먹는다는 것은 흡사 거대한 시장통 한가운데서 밥을 먹는 것과 같았다. 힘든 건 그 시장통 안에 있는 모든 사람이 서로서로를 알고 있다는 점이었다. 내향적인 성격을 가진 나에게 교사라는 직업, 기숙사라는 환경은 너무 과도한 자극이었던 것이다.

내향성과 외향성은 사람의 성격을 구분하기 위한 가장 두드러지고 중요한 성격 차원으로 여겨진다. 내향성의 반대편에 외향성이 있고, 이 둘의 차이는 단순히 사교적인가 그렇지 않은가에 있다고 보는 것이 일반적이다. 하지만 좀 더 근원적인 차이는 다른 곳에 있다. 바로 '자극에 얼마나 민감한가'다.

성격의 차이는 어디에서 오는 걸까

외향적인 사람이라면 민사고의 식당이 활기찬 분위기에 오히려 에너지가 넘친다고 느낄 수 있지만 내향적인 나로서는 교사생활관에 들어와 혼자 라면을 끓여 먹는 것이 더 좋을 때가 많았다. 더 좋다기보다 그렇게 하는 것이 필요할 때가 많았다는 게 정확한 표현이겠다.

많은 심리학자들은 외향적인 사람들의 사교성이 실은 자극을 찾아나서는 성향에서 온다고 이야기한다. 다른 사람의 존재는 우리에게 굉장히 자극적이기 때문이다. 내향성에 관련된 책 《콰이어트Quiet》에서는 파티에 가기보다 해변가에서 책을 읽는 편을 선호하는 내향적인 사람의 심리에 대해 심리학자 데이비드 윈터의 설명을 인용한다.

> 타인이라는 존재는 매우 강한 자극이다. 위협, 두려움, 도주, 사랑을 불러일으킨다. 사람 100명은 책 100권이나 모래알 100개와 비교하면 매우 자극적이다.

외향적인 사람들은 많은 사람들과 함께하는 시간을 좋아하고, 사람들과 교류할 때도 내향적인 사람과 다르다. 이들은 기본적으로 유쾌하다. 즐거운 농담이나 잡담에 능하고 여러 명이 왁자지껄 대화하는 것을 좋아한다. 그리고 듣는 것보다 말하는 것을 선호하며 상대방을 지배하려는 성향을 보이기도 한다. 반대로 내향적인 사람들은 소수의 사람들과 깊이 있는 관계를 맺는 것을 좋아하고 상대방의 말을 좀 더 주의 깊게 경청한다.

의사결정을 하는 방식과 위험을 감수하는 정도에서도 이들은 차이를 보인다. 외향형은 빠르고 대담하지만, 내향형은 느리고 신중하게 하며, 또 섬세한 정도에 있어서도 내향형은 더 섬세하고 어떤 사건에 민감하게 반응한다. 이러한 성격의 차이는 어디에서 오는 것일까?

성격 이론으로 유명한 심리학자 한스 아이젠크는 내향성과 외향성의 차이가 뇌의 활동이 얼마나 활발한가에 달려 있다고 말한다. 내향형의 경우, 뇌의 활동이 더욱 활발하기 때문에 상대적으로 약한 자극에도 민감하게 반응할 수 있다는 것이다. 그는 이를 증명하기 위해 내향적인 사람과 외향적인 사람의 혀 위에 레몬주스를 올려놓은 후, 누가 더 침을 많이 흘리는지 살펴보았다. 눈치 빠른 독자라면 예상하겠지만 그 결과 역시 내향적인 사람들이 더 많은 침을 흘렸다. 비슷한 맥락으로 4개월 된 아기들에게 다양한 자극(풍선 터지는 소리, 알코올 냄새 등)을 주었을 때, 더욱 격렬한 반응을 보였던 아기들이 커서 내향적인 성격을 가지게 됐다는 장기 추적 연구가 있다. 타고난 자극에 대한 민감성이 외향성과 내향성을 가름한다는 것이다.

내향성과 외향성이 알고 보면 성향의 단순한 차이임에도 불구하고 우리는 내향성을 외향성보다 뭔가 부족한 것으로 간주할 때가 많다. 내향적인 아이를 소심하고 사교성이 부족하다고 낙인찍는다. 조용한 아이들에게 적극성이나 사교성을 이끌어내려 노력하는 부모나 선생님들부터, 입사할 사원에게서 적극성과 활기 넘치는 싹싹함을 필수 덕목으로 찾는 회사들까지, 내향성은 극복해야 할 대상이다.

미국에 비하면 한국은 내향적인 성격을 평가절하하는 정도가 훨씬 덜하다. 예를 들어, 미국에서 '수줍다'는 것은 매우 부정적인 뉘앙스를 갖고 있으며, 반드시 고쳐야 하는 특성으로 여겨지지만, 한국에서는 누군가가 수줍어하는 것을 개인의 특성으로 여기고, 때에 따라 긍정적으로 해석하기까지 한다. 그럼에도 불구하고 우리 사회 곳곳에서는 내향적인 사람들에게서 외향성을 이끌어내려는 노력이 끊이지 않는다. 내향적인 사람들 스스로도 본래의 성격을 숨기고 변화하려 노력하고, 또 노력한다.

《콰이어트》는 1학년 대상으로 진행했던 심리학 수업에서 숙제로 읽고 독후감을 제출하게 했던 책이다. 프린스턴과 하버드 법대를 졸업해 협상 기술을 가르치는 변호사였던 책의 저자 수전 케인은 수년간 자신의 내향적인 성격이 직업과 어울리지 않는다고 생각하다 일을 그만두고, 내향성에 관해 연구하기 시작했다. 그리고 7년간의 작업 끝에 탄생한 책이 바로《콰이어트》다.

저자의 조사에 의하면 내향성을 숨기거나 교정받아야 하는 특성으로 여기는 미국에서조차 전체 인구의 3분의 1가량이 내향적이다. 내가 민사고에서 숙제로 받아 보았던 독후감에서는 40명 중 단 두 명만이 자신이 외향적이라고 이야기를 했다. 더 놀라운 사실은, 나머지 아이들 거의 모두가 자신의 내향적인 면을 숨기려 노력해왔다고 고백했다는 것이다.

여기서 한 가지 짚고 넘어가자. 내향적인 사람과 외향적인 사람은 칼로 무 자르듯 구분되지는 않는다. 내향성과 외향성은 연속체이고, 양극단에 있는 사람들은 극히 소수에 불과하다. 우리 대부분은 극도의 내향성과 극도의 외향성 그사이 어디엔가 속하고, 그 모습도 다양하다. 예를 들어, 기본적으로 내향적이고, 다른 사람이 봤을 때에도 그렇게 보이는 사람이어도 (사람이 아닌) 신나는 자극을 좋아한다거나 빠른 결정을 내린다는 점에서는 외향적이라거나, 반대로 자극적인 것을 좋아하지는 않지만, 여러 사람들과 이야기 나누기를 좋아한다는 면에서는 외향적인 사람이 있을 수 있다.

내향적인 아이들의 숨겨진 강점

민사고 아이들의 내향적인 모양새와 정도에도 분명 차이가 있었을 것이다. 하지만 자신이 얼마나, 또 어떤 모습으로 내향적이든 간에 거의 모든 아이들이 자신의 내향적인 면을 숨기려 노력했다는 점은 우리가 얼마나 강박적으로 외향적인 모습을 만들어내고 있는지를 보여준다.

민사고의 1학년이 되는 것은 대학의 신입생이 되는 것과 비슷하다. 각지에서 온 친구들을 접하고 다양한 동아리를 소개하는 행사가 열리며 여러 동아리에 가입할 기회도 있다. 또 수업을 선택해서 들을 수 있는 여지가 생긴다. 어떤 수업을 듣는지에 따라 어떤 친구를 만나게 되는지가 달라지거나 혹은, 친한 친구와 함께 수업을 듣지 않으면 외롭게 수업을 들어야 할지도 모른다. 이렇게 낯선 환경에서 새로운 관계들을 만들어가야 하는 민사고의 환경은 내향적인 아이들에게 큰 자극으로 다가오기 쉽다. 게다가 기숙사 학교니 그 누구라도 친근한 관계를 맺는 것에 급급할 만한 환경이었다.

내가 대학교 새내기였을 때를 회상해보면, 집에 가서 조용한 시간을 보내고 싶거나 편하게 옛 친구들을 만나고 싶을 때조차도 여러 모임에 빠지지 않고 나가서 내 본래 모습보다 더 활발하고 재미있게 보이려 노력했다. 한창 친구를 만들려 애쓰고 있을 1학년 학생들에게《콰이어트》를 읽혔던 이유다.

책에서는 미국 문화가 외향적인 성격을 얼마나 신봉하는지 보여준다. 또 이 때문에 희생되거나 놓칠 수 있는 내향성의 힘에 대해 말한다. 책의 서두에서 저자는 내향성을 가진 사람들이 이룬 업적에 대해 나열한다. 중력의 법칙을 발견한 아이작 뉴턴, 상대성 법칙을 발견한 아인슈타인, 〈녹턴〉을 작곡한 쇼팽,《해리 포터》를 쓴 소설가 조앤 롤링,《동물농장》을 쓴 조지 오웰, 영화 〈E.T〉와 〈쉰들러 리스트〉를 감독한 스티븐 스필버그, 연재만화

〈피너츠〉의 찰스 슐츠, 세계적인 검색엔진 '구글'을 만든 래리 페이지까지 내향성을 갖고도 위대한 업적을 이룬 사람들은 많다.

자극에 민감하면 자신감 있는 톤으로 대화를 이끌어가거나 빠르고 적극적으로 행동하지 못한다. 그러나 내향적인 사람들은 바로 그 자극에 민감하다는 점 때문에 섬세하고 부드러우며 더 풍부한 내면세계를 갖는다. 그들은 통찰력이 있고, 창의적이며 직관적이다. 공감 능력이 뛰어나고, 어떤 사건이나 환경을 깊이 있게 해석하는 눈이 있어 문제를 해결하는 능력이 뛰어나다. 위험을 잘 감지하고 신중하며, 마지막으로 이들은 옳지 않은 일에 대해 더 강하게 분노하고 양심적이다. 좁아도 깊이 있는 인간관계를 좋아하듯, 한 분야에 오랜 시간 동안 몰입해 큰 성과를 내기도 한다. 위에 등장한 인물들 외에도 빌 게이츠, 간디, 워런 버핏, 앙겔라 메르켈, 마크 주커버그, 타이거 우즈가 우리가 소심하고 사교성이 부족하다고 여기는 내향적인 성격의 소유자들이다. 우리나라에서는 이순신 장군이나 백범 김구 선생, 세종대왕이 내향적이었을 것이라 추측된다.

있는 그대로 바라봐준다는 것

혹시 주변에 내향적인 사람이 있다면, 혹은 내향적인 아이를 키우고 있다면 이제 그들의 성격을 있는 그대로 존중해주자. 그들이 힘들어하는 부분을 이해해주고 고려하되 극복해야 할 부분이 있다면 조금씩은 도와주고, 장점은 최대한 키워나갈 수 있도록 해준다면 아이는 내향성에 대한 열등감 없이 자신의 잠재력을 더 꽃피울 수 있을 것이다.

만약 아이가 사람들과 이야기하는 것을 어떤 면에서 힘들어한다면, 조금씩 연습해가며 익숙해지도록 돕는 것이 필요하다. 저자는 노력하는 동시에 가장 나다울 수 있으며, 편안한 상태로 머물 수 있는 각자의 '스위트 스팟'을 찾고, 그곳에 머무는 시간을 최대한 늘려 나의 일상을 빚어나가라고 조언한다. 사람들과 대화하는 기술은 익혀나가되, 매 순간 자신의 본성을 억누르며 억지로 사람들을 만나러 다닐 필요가 없다는 말이다.

내가 어른들이 말씀하시는 '아까운 직장'을 뒤로하고 스위트 스팟을 찾아 나섰던 이유다. 그 후로 나는 일주일에 한 번 정도 지인을 만나며 거의 모든 시간을 혼자 집에 머물렀는데, 심심하지 않았던 것은 아니지만 사람을 보는 것은 아침저녁으로 남편과 함께하는 것만으로도 충분했다. 외부 활동을 줄이는 대신 나는 오전에 잡다한 집안일을 마친 후 꼭 글을 썼다. 외향적인 사람들에게는 감옥과 같은 일상이었을 테지만, 나에게는 아주 적절하게 자극적인 하루하루였다.

저자의 표현을 빌리자면 위에 소개된 내향적인 인물들은 '내향적인 성격에도 불구하고가 아니라 내향적인 성격 덕분에' 각 분야에서 세상을 바꿀 수 있었다. 이 책을 계기로 자신의 내향성을 더 긍정적으로 바라보게 됐고, 그로 인해 자신의 성격을 온전히 포용할 수 있게 됐다는 많은 민사고 신입생들의 독후감처럼, 혹은 이해할 수 없었던 내향적인 친구들의 행동을 이제는 이해할 수 있으며, 그런 친구들의 강점을 보게 됐다는 외향적인 두 아이들의 독후감처럼 우리도, 우리 사회도 내향적인 사람들을 이제 그만 있는 그대로 바라봐 줄 수 있으면, 우리가 그렇게 고치고자 했던 그들의 한계가 곧 강점이 될 수 있을 것이다.

부모가 행복해야 아이도 행복하다는 과학적 근거

/

감정 전이와 행복의 전염성

올해로 24기를 맞이했을 민사고에서는 입학한 아이들을 학년보다는 기수로 구분했다. 나는 재직 중에 15기에서부터 21기까지를 보고 나왔는데, 각각의 기수를 떠올릴 때 그려지는 대표적인 이미지나 느낌 같은 것이 있다. 비슷한 성향의 아이들이 모여 그 기수만의 분위기가 형성됐는지도 모르지만, 어쩌면 몇몇 아이들 사이에서 형성된 분위기에 다른 아이들이 영향을 받고 동조함으로써 그 기수만의 성향이 만들어지고 굳어졌을 수도 있다.

사회적 네트워크에 대해 연구하는 사람들은 서로 연결돼 있는 사람들이 서로에게 미치는 영향이 얼마나 강한지를 보여준다. 제

2차 세계대전에서 홀로코스트나 파시즘과 같은 집단적인 광기를 경험했던 서구 사회의 사회심리학자들은 일찍이 여러 사람이 모일 때 특정 행동이나 생각이 서로 비슷해지는 현상을 보여준 바 있다. 가장 유명한 것은 1950년대에 이뤄진 솔로몬 애쉬의 선분 실험이다.

애쉬는 선분 그림을 보여주면서 왼쪽에 있는 선과 같은 길이의 선을 오른쪽에서 고르라고 한다. 실험실 안에는 일곱 명의 사람들이 돌아가며 말하는 식으로 선분을 맞히도록 했는데, 이 중 여섯 명은 사실 실험 도우미로, 오답을 말하게끔 계획돼 있었다. 답은 당연히 C이지만, 실제 참가자를 제외한 모든 사람들이 태연

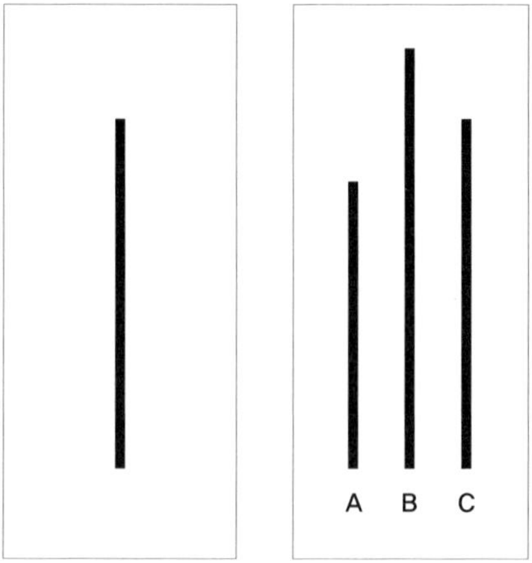

애쉬의 선분 실험에서 사용된 실험 자극 | 오른쪽의 C가 왼쪽의 선과 같은 길이다.

하게 A라는 오답을 말한다. 만약 내가 이런 상황에 처해 있다면 어떤 답을 말할지 생각해보자. 아마도 정답을 말하는 데 혼란스러움을 느낄 것이다. 실험에서도 같은 결과가 나왔다. 혼자 있을 때의 정답률은 99%인 데 비해 실험 도우미들과 함께했던 실험 참가자의 정답률은 63%로 감소했다. 어림잡아 열 명 중 네 명 정도는 실험 도우미들을 따라 A라고 답한 것이다.

최근의 사회과학 연구들은 어떤 질병이 확산되듯, 사람들이 느끼는 감정이나 정서 상태 또한 주변인들에게 옮겨간다고 한다. 병균이나 바이러스가 퍼지듯, 우리가 느끼는 감정이 우리 주변에 있는 이들에게 확산되는 이 현상은 '감정 전이'라고 불린다. 행복에 있어서도 마찬가지다.

행복의 확률을 높이는 관계망의 힘

2015년 코카콜라가 진행했던 '행복 캠페인'은 이러한 전이현상을 잘 보여준다. 캠페인을 홍보하는 영상은 우중충한 퇴근 길 붐비는 지하철에 한 남성이 올라타는 것으로 시작된다. 지하철이 출발하고 얼마 지나지 않아 이 남성은 이어폰을 꽂고 태블릿 PC로 영상을 보다가 큰 소리로 웃기 시작한다. 보통의 경우라면 아무리 재미있는 일이 있어도 한두 번 웃거나 웃음을 참을 법하지만 이 남성은 자신의 태블릿 PC를 보며 점점 더 크게 웃기 시작한다. 처음에는 이상하다는 듯 쳐다보던 사람들이 하나둘씩 따라 웃기 시작한다. 멈추지 않고 큰 소리로 웃는 이 남성이 신기하고 이상하고 재미있다는 듯 옅은 미소를 띠던 사람들에게서도 이내 웃음소리가 터져나오기 시작한다. 지하철 안은 곧 웃음바다가 된다.

〈타임〉 지가 선정한 영향력 있는 100인에 든 공중보건 전문가 크리스태키스 교수와 캘리포니아대학교 조교수이자 정치학자인 제임스 파울러 교수는 2011년 《행복은 전염된다Connected》라는 책을 함께 출간했다. 그들은 행복 또한 주변인들에게 전파된다는 점을 보여주기 위해 한 지역공동체의 사람들을 연구했다. '프레이밍엄 심장 연구의 그래프'에서는 이 공동체의 형제와 친구, 그리고 배우자 관계와 각 개인의 행복 수준을 볼 수 있다. 각각의 점들은 원은 여성, 사각형은 남성 등 개인을 나타내고, 이들 사이의 선은 다양한 관계를 나타내고 있다. 여기서 주목해봐야 할 것은 각 개인의 행복 수준이다. 색이 짙어질수록 행복하지 않다는 것을, 색이 흐려질수록 행복하다는 것을 뜻한다.

그래프를 자세히 살펴보면 우리는 두 가지를 알 수 있다. 하나는 행복 수준이 비슷한 사람들끼리 모여 있다는 것이다. 행복하지 않은 사람들과 행복한 사람들은 각각의 무리를 이루고 있다. 또 한 가지 눈에 띄는 점은 행복하지 않은 사람들이 사회적 네트워크의 가장자리에 자리 잡고 있는 경우가 많다는 점이다. 달리 말하면, 행복하지 않은 사람들 주변에는 사람이 많지 않다. 내가 속해 있는, 혹은 속해 있던 집단에 대입해 생각해봐도 좋을 듯하다. 여러 집단을 겪어봤지만, 바람직하든 그렇지 않든, 위의 결과가 현실을 어느 정도 반영한다는 것을 알 수 있다. 두 학자들은 이 자료를 통해 행복의 전염성이 어느 정도인지를 수치로 계산해 보여준다. 그 분석 결과에 따르면 나와 직접 연결돼 있는 사람이 행복할 경우, 내가 행복할 확률이 15% 증가한다.

관계망의 힘은 여기서 그치지 않는다. 나와 2단계 거리에 있

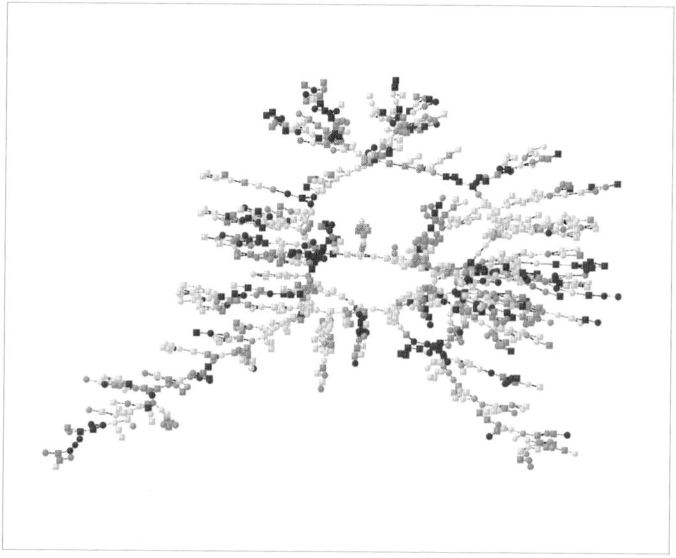

1,020명의 네트워크를 나타낸 프레이밍엄 심장 연구의 그래프.

는 사람(예를 들어 친구의 친구)이 행복할 경우에는 내가 행복할 확률이 10% 증가한다. 마지막으로 나와 3단계 거리에 있는 사람(친구의 친구의 친구)이 행복할 경우, 내가 행복할 확률은 6% 증가한다. 이러한 행복의 확산은 4단계에 이르러서야 거의 사라진다. 내가 행복해지는 일은 결국 나의 가족과 친구들을 행복하게 해주는 일인 셈이며, 내가 만약 더욱 행복해지고 싶다면 주변에 행복한 사람들을 두고, 이들과 함께하는 시간을 늘려야 한다는 뜻이기도 하다.

연구 결과와 수치로 밝혀졌지만, 이미 직관적으로 느끼고 있는 사람들이 많을 것이다. 기분 좋은 사람 옆에 있으면 나도 덩달아 기분이 좋아지는 반면, 우울하고 냉소적인 사람 옆에 있을 때에는 나도 덩달아 우울해지는 경우가 많다.

결혼을 앞둔 누군가가 있다면, 나는 꼭 행복한 사람과 결혼하라고 조언하고 싶다. 형제자매와는 평생을 함께하지 않고 또 친구들과는 가끔씩만 만날 수 있겠지만, 배우자와는 평생을, 그것도 매일매일 얼굴 보며 붙어 지내야 하기 때문이다. 내가 평생 동안 가장 긴 시간을 함께 보내며 가장 긴밀한 관계를 맺게 될 사람이 비관적이고 우울하다면 나도 우울해질 확률이 그만큼 높아진다. 반대로 이 사람이 행복한 사람이라면, 나도 덩달아 행복해질 것이다. 하지만 이렇게 이야기를 끝내기엔 어딘가 부족하다. 우리는 아이들에게 그저 행복한 사람에게는 다가가고, 행복해 보이지 않는 사람은 의도적으로 피하라고만 말해줄 것인가?

'행복'을 주는 일의 '행복'

소설 《오베라는 남자A Man Called Ove》에서 오베는 위에서 본 네트워크 맨 끝 어디엔가 있을 법한 괴팍한 노인이다. 행복과는 거리가 먼 이 노인은 동네에서 규칙을 지키지 않는 사람들에게 심통을 부리고 독설을 퍼붓는다. 직장에서는 최근 퇴직을 당했고 한 명뿐이던 친구와는 별것 아닌 이유로 이미 오래전 갈라섰다. 너무나도 사랑했던 부인이 세상을 떠난 후 오베는 삶에 대한 모든 애정을 잃고 매일 부인의 무덤을 찾아가며 목숨을 끊을 준비를 한다.

이야기는 여기에서 시작된다. 그는 목숨을 끊으려는 그 순간마다 이웃들의 방해로 계획에 실패한다. 그중에서도 단란한 가정을 꾸리며 셋째를 임신 중에 있는 이란 출신 여성 파르바네는 이 불행한 노인에게 딸처럼, 때로는 친구처럼 다가간다. "죽는 게 사는 것보다 힘들다"며 화를 내고 투덜거리던 이 노인은 결국, 파르바네와 그녀의 아이들 덕에 불만 가득했던 마음을 내려놓고 세상을 향해 다시금 마음을 연다. 그는 파르바네의 아이들에게 재미있는 이웃 할아버지가 되고, 그렇게 이웃들과 따스한 일상을 보내다 어느 날 평온하게 아내 곁으로 간다.

우리는 모두 기본적인 성향을 타고 태어난다. 행복을 잘 느끼는 성향의 사람이 있는 반면, 기본적으로 우중충한 기분을 잘 느끼는 사람도 있다. 그럼에도 행복한 사람과 행복하지 않은 사람을 이분법적으로 나누는 연구는 현실을 정확하게 반영하지 못한다. 위 연구의 대상이 됐던 사람들의 행복 수준은 학자들이 조사를 하던 그 한정된 시간 안에서의 행복 수준을 말할 뿐이다. 현실에서는 많은 사람들이 인생을 살아가면서 행복한 시간과 행복하지 않은 시간을 모두 겪는다. 장기적인 관점에서 한 사람의 행복 수준은 어느 정도 일정하다고는 하지만, 상황과 시기에 따라 행복했던 사람이 불행해질 수 있고 불행했던 사람이 행복해질 수 있다. 마치 오베가 사랑하는 아내와 함께했던 동안 행복했지만, 아내가 떠나면서부터 행복은커녕 삶의 희망도 갖지 못한 채 살았던 것처럼 말이다. 하지만 모든 일에 대해 불평불만을 쏟아내며 죽기만을 바랬던 오베도 이웃의 관심을 통해 평온하고 따듯한 일상을 되찾는다. 우리도, 그리고 우리 아이들도 나의 이익을 위해 행복한 사람들을 찾아다니기만 하는 사람이 되기보다 넘치는 행복을 주변인들에게 나누어줄 수 있는 사람이 되면 좋겠다.

우중충한 퇴근길 지하철 안을 웃음바다로 만들었던 남성처럼, 그리고 불행 속에서 죽는 날만 바라보며 살던 오베를 세상 밖으로 이끌어낸 파르바네처럼 주변인들의 행복을 이끌어낼 수 있다면 그것은 굳이 내가 행복한 사람들을 쫓아다니며 느끼게 될 행복보다 더 큰 기쁨으로 다가올지도 모른다. 기왕 행복도 전염된다는 것을 알았으니, 받기보다는 주는 사람이 되기로 하는 것도 나쁘지 않을 것이다.

자녀의 연애, 어떻게 하면 좋을까

/

성교육의 핵심, 존중과 주체성

민사고에서는 이성교제가 금지된다. 기숙사 학교인 만큼 혹시라도 일어날 수 있는 사고를 미연에 방지한다는 차원에서라면 아주 이해할 수 없는 바는 아니다. 학교도 이성교제 자체를 단속한다기보다 학교 안에서 신체접촉을 하는 등 적절한 거리를 유지하지 않는 행위에 대해서만 규제를 했다. 어찌됐든 아무리 학교에서 이성교제를 엄하게 다룬다 할지라도 서로가 서로를 좋아하는 10대 청소년들의 마음을 억누를 수는 없다. 공식적이든 비공식적이든 학교 내에서 교제를 하는 친구들은 항상 있었고, 나는 연애 상담을 종종 했다. 사실 10대들의 관계에 대해 이야기할 때 연애에 대한 이야기가 빠질 수 없다.

내가 직접 듣거나 제3자로부터 이야기를 들어보면, 서로에 대한 애정을 예쁘게 키워가는 아이들도 있지만, 안타까운 사례도 많았다. 남자친구가 헤어진 여자친구와 나눴던 스킨십에 대한 이야기를 친구들에게 하고 다닌다거나, 상대방이 자신에게 푹 빠져 있다는 점을 이용해 자신의 숙제 등을 떠맡기는 아이도 있었다. 사귀는 사이는 아니지만 '관리'를 당하는 학생의 상담도 한 적 있다. 가장 황당했던 사례는 한 남자아이가 여자아이에게 잘못한 일에 대해 여자아이의 남자친구에게 사과를 했던 일이다. 오래전 일임에도 제대로 된 사과를 받지 못했던 여자아이는 이 일에 대해 여전히 분노하고 있었다.

사실 연애나 연애감정으로 인해 상처를 주고받는 그 자체를 피할 수는 없다. 누군가를 좋아한다는 것은 상처를 받을 수 있는 상태로 나를 내어놓는다는 점을 전제로 하기 때문이다. 내가 좋아하는 그 친구가 나를 그만큼 좋아하지 않는다면, 그 자체로 이미 상처를 받는 상황이 된다. 서로를 좋아해서 추억을 쌓는 것만큼 상처를 주고받는 것도 분명 경험해볼 만한 일이지만 청소년들의 경우, 연애에 대한 경험이 적기 때문에 상대방에게 불필요한 상처를 주기 쉽다. 그래서 더욱 이성교제를 시작하는 아이들과는 건강한 연애에 대한 생각을 나누는 대화를 해볼 필요가 있다.

나를 사랑할 줄 아는 마음도 능력

건강한 연애에 있어 꼭 필요한 것은 무엇일까? 서로를 진심으로 좋아하는 마음 외에 반드시 필요한 것이 있다면, 그것은 서로에 대한 예의다. 구체적으로 연애할 때의 예의란 무엇이고 어디에서 나오는 것일까?

성교육 전문가 손경이 씨는 저서 《아들 성교육 하는 법》에서 아들 성교육의 핵심은 지식이 아니라 '존중'이라고 말했다. 그는 우리 사회가 남성과 여성을 대하는 태도가 다르기 때문에 아들 성교육에 있어 상대방을 존중하는 것을 특별히 강조하기는 하지만, 애당초 아들과 딸에게 하는 성교육 내용을 구분 지을 필요는 없다고 말한다. 상대방의 마음과 생각을 존중하는 태도, 상대방을 인격적으로 대하는 태도는 성교육을 할 때 빼놓으면 안 되는 핵심적인 개념이다.

연애를 할 때도 그렇다. 남자친구 혹은 여자친구와 있었던 일을 다른 친구들에게 이야기할지 말지, 내 숙제를 사귀는 친구에게 맡길지 말지, 나를 좋아하는 친구를 어떻게 대할지, 그리고 마지막으로 내가 한 잘못에 대한 사과는 누구에게 어떻게 해야 할지에 대한 판단의 기준은, 나의 말과 행동이 상대방의 인격을 존중하고 있는지가 돼야 한다. 우리에게는 상식과 같은 일들이지만 이제 막 연애를 하기 시작하는 아이들 사이에서는 이 상식이 존재하지 않을 수 있다. 아마 좋아하는 마음과 같은 강렬한 감정이 이성적인 판단을 흐리는 힘을 가지고 있으며, 또 누가 누구를 더 혹은 덜 좋아하냐에 따라 권력관계가 생기기 때문이기도 하겠다.

연애를 할 때 첫 번째 원칙은 상대방의 몸과 마음, 생각과 의사를 존중하는 것이다. 하지만 여기서 그친다면 그것은 반쪽짜리 조언이 될 것이다. 연애를 할 때 상대방이 존중받는 만큼 존중받아야 할 사람이 또 있다. 바로 자기 자신이다. 앞서 소개했던 성교육 전문가 손경이 씨는《아들 성교육 하는 법》에 이어《딸 성교육 하는 법》이라는 책을 출간한다. 이 책을 통해 그는 딸에게 성교육을 할 때의 핵심에 대해서 말한다. 아들 성교육의 핵심이 '존중'이라면, 딸 성교육의 핵심은 '주체성'이라고 말이다. 그는 먼저 '성적 자기결정권'에 대해 말하고 있는데, 이는 자신이 하는 성적 행동에 대한 결정권은 자기 스스로에게 있다는 것을 뜻한다.

건강한 관계의 중요성

너무나도 당연한 이야기이지만, 연인 사이에서는 성적 자기결정권을 행사하지 못하는 사례가 너무 많다. 나아가 특히 여성들에게는 이러한 권리를 행사하지 못하는 상황을 오히려 낭만적이라 생각하는, 그리고 그렇게 생각하게 만드는 문화도 존재한다. 내가 보았던 숱한 영화나 드라마에서 남자가 여자에게 '기습 키스'를 하거나 자리를 박차고 나가려는 여자의 손목을 잡아끄는 것이 낭만적으로 그려졌다. 이러한 행동들은 모두 여성의 '자기결정권'을 무시하는 처사이다. 물론 남성의 자기결정권이 무시되는 행동들도 긍정적으로 그려지고는 한다. 책에서는 연인 관계에서 "나는 네 거야"라고 표현하는 것을 예로 든다.

손경이 씨는 자기결정권에 대해 이야기하며, 여기서 한 걸음 더 나아가 주체성 확립의 중요성을 말한다. 성교육에 관한 책인 만큼 성적인 측면에서 말하고 있는데, 예를 들어 여성의 경우 남성의 성적 요구에 대해 'NO'라는 의사표현을 어떻게 할지에 대해서는 교육받지만, 'YES'라고 하고 싶을 때에는 어떻게 행동해야 하는지를 배우지 않는다는 것이다. 여성이 성적인 객체로서만 여겨지는 사회문화적 배경 때문이다. 성적인 면에 있어 주체성을 확립해야 하는 쪽은 여성이 맞지만, 연애에 있어서는 꼭 그렇지만은 않다고 생각한다. 개인적인 생각에 이성교제 중 주체성에 대해 좀 더 많이 생각해야 하는 쪽은 아마 상대방을 더 많이 좋아하는 쪽이 아닐까 싶다. 상대방으로부터 과하거나 부당한 요구를 들었을 때, 남자이든 여자이든 더 많이 좋아하는 쪽이 그 요구에 응하기 쉽다.

앞서 소개했던 사례 중 숙제를 떠맡기는 등 다양한 요구를 하던 친구는 역시 상대방을 덜 좋아하고 있었던 쪽이었다. 이럴 때

나 자신에 대한 주체성을 잃지 않는다는 원칙을 떠올린다면, 상대방에게 무조건 끌려다니지 않고 잘 대응할 수 있다. 결국 자기 자신을 얼마나 인격적으로 대하고 존중하는가의 문제다. 양보나 배려는 좋지만, 자기 자신을 갉아먹어가며 희생할 필요는 없다. 만약 사랑이라는 이름으로 과도한 희생을 강요하는 친구가 있다면, 이 친구에 대해서는 다시 생각해봐야 한다는 점을 청소년들이 꼭 알아야 한다.

존중과 자기결정권, 그리고 주체성은 생각해보면 이성관계에 있어서만 중요한 것이 아니다. 부부 사이 관계이든, 선생님과 제자 사이의 관계이든, 부모와 자식 간의 관계이든 상대방을 존중하고, 자기결정권과 주체성을 지켜나가야 관계가 건강하게 오래 지속된다.

4장

마음이 단단해야 생각도 단단하다

· 정서 편 ·

누구에게나 행복에 대한 자기만의 철학이 있겠지만 인간이 보이는 평균적인 경향성과 철학이 항상 맞아떨어지지는 않는다. 행복은 실제로 어떤 모습을 하고 있고, 어디에서 오는 것일까? 이 질문에 대해 탐구한다는 생각으로 이번 장을 읽어본다면 행복에 대해 좀 더 정확한 그림을 그릴 수 있을 것이다. 이는 경쟁이 치열한 대한민국 사회에서 자라나는 아이들이 행복한 어른으로 성장하도록 돕기 위해 우리 어른들이 먼저 알고 있어야 할 내용이다.

인생의 '잽'과 '스트레이트'

/

행복의 강도 vs 빈도

고등학생이 가장 바라는 것은 아마도 원하는 대학에 합격하는 것이 아닐까. 민사고 아이들도 마찬가지였다. 국내반 아이들에게는 서울대에, 그리고 국제반 아이들에게는 아이비리그를 비롯한 몇몇 유명 대학 원하는 과에 합격하는 것이 최고의 행복인 것처럼 느껴졌을 것이다. 원하는 대학에 합격하는 일은 짜릿한 경험임에 틀림없다. 어쩌면 입시지옥에서 해방됐다는 해방감이 더 큰 것인지도 모르겠지만.

복싱에서 잽과 스트레이트는 가장 대표적인 펀치 기술 중 하나다. 잽은 팔을 짧게 뻗어 주먹을 뻗으며 상대방의 방어를 무너뜨리거나 견제하는 용도로 많이 사용하는 반면, 스트레이트는 온

몸의 무게를 실어 허리와 어깨를 회전하며 펀치를 날리는 기술이다. 복싱에서 '잽잽 스트레이트' 혹은 '원투 스트레이트'는 잘 알려진 기본기 중 하나인데 바로 잽과 스트레이트, 이 둘을 연결해서 쓰는 동작이다. 잽, 잽, 스트레이트 순으로 일단 잽을 통해 상대방을 무장해제 시킨 후, 강한 스트레이트 한 방을 날리는 기술이다.

내가 만약 상대방에게 강력한 한 방을 먹이고 싶다면? 당연히 잽보다는 스트레이트를 써야 한다. 하지만 큰 위력이 없어 보이는 잽을 무시해서는 안 된다. 잽은 모하메드 알리의 계보를 잇는 복싱계의 전설이며 90년대를 통틀어 가장 각광받았던 선수였던 호야를 무너뜨릴 만큼 강력한 힘이 있다. 처음으로 이 전설적인 선수를 위협했던 사람은 정확하고 날렵한 잽으로 복싱계 정상에 올랐던 가나 출신의 쿼테이였다. 그러나 호야가 정말로 무너진 것은 이로부터 거의 10년 후이다. 그는 자신보다 10cm나 작은 필리핀의 파퀴아오 선수에게 그야말로 참패를 당했는데 그 배경에는 파퀴아오의 발 빠른 잽이 있었다.

복싱에서는 잽과 스트레이트 모두가 중요하다. 하지만 인생에서는 어떨까? 혹시 "인생은 한 방"이라는 말처럼, 원하는 대학에 합격하는 것과 같은 어떤 강력한 사건 한 방이 나를 행복하게 해주리라고 생각하는가? 아니면 티끌 모아 태산이 되듯 작은 기뼘들이 자주 나를 행복하게 해줄까? 행복은 강도와 빈도 중 어느 것이 더 중요하고 결정적일까?

예를 들어 나에게 '50이라는 양'의 행복이 주어지고 이를 열흘 동안 쓸 수 있다면? 한 번에 50을 굵고 짧게 느끼기로 결정할까, 아니면 하루에 5만큼씩 열 번 느끼는 것이 좋을까? 강도와 빈도 중 내가 어느 쪽을 추구하는가에 따라 행복을 위한 전략은 달라진다.

'강도'보다 '빈도'가 핵심이다

먼저 살면서 강렬한 기쁨을 느낄 수 있는 경험에는 무엇이 있을지부터 생각해보자. 이런 질문을 수업에서 던지면 항상 나오는 이야기가 있었다. 바로 '로또'다. 하지만 아쉽게도 이런 일을 겪을 확률은 너무나 작기 때문에 모두가 겪을 수 있을 만한 일을 생각해보자. 학생이라면 앞서 언급했던 원하는 대학이나 시험에 합격하는 일, 좋아하는 아이와 사귀는 일 등이 있을 수 있다. 반면, 우리가 일상적으로 빈번하게 겪을 수 있는 기쁨에는 마음 맞는 친구들과 수다 떨기, 친구나 가족들과 영화 보러 가기, 금요일 밤 치킨 시켜 먹기 등이 있다. 모두 소소하지만 종종 맛볼 수 있는 즐거움이다.

다시 질문으로 돌아가서, 좀 더 결정적인 역할을 하는 쪽은 어느 쪽일까? 행복 연구의 창시자 격인 에드 디너 교수와 그의 동료들은 1991년, 행복에 있어 좋은 감정을 느끼는 데 강도와 빈도 중 어떤 쪽이 더 중요한지에 대한 논문을 발표했다. 논문은 다양한 실험과 조사의 분석 결과들을 토대로 결론을 내리는데 여기서는 대표적인 한 가지 분석 결과만 살펴보자. 연구팀은 실험 참가자들이 하루 동안 얼마나 자주 긍정적인 정서를 느꼈는지, 그 빈도와 긍정적인 정서를 느낄 때 얼마나 강하게 느꼈는지 그 강도를 조사한 후, 행복을 측정하는 모든 종류의 심리 검사를 시행해 각각이 행복 수준과 어떤 방식으로 연관돼 있는지 분석했다.

연구팀은 긍정적인 정서를 자주 느끼는 사람일수록 더 행복하다는 점을 일관되게 발견했다. 그러나 긍정적인 정서의 강도와 행복 사이에는 관계가 없거나 약했으며, 일관된 결과가 나오지 않는다는 결론을 내렸다. 한마디로 강도보다는 빈도가 훨씬 중요하다는 이야기다. 왜일까?

일단 강렬한 기쁨을 주는 사건은 우리가 자주 경험할 수 있는 일이 아닌 경우가 많다. 어쩌면 어떤 경험이 강렬하게 다가온다는 사실 그 자체가 그 경험이 그만큼 흔치 않다는 것을 뜻한다. 앞서 들었던 예시들처럼 우리가 하루걸러 한 번씩 원하는 대학에 합격하거나 좋아하는 친구와 사귀는 일은 없다. 결국 강렬한 기쁨이나 행복의 경험은 일상생활에서 자주 겪기 어렵고 인간이 적응의 동물인 것을 감안해보면, 그 효과는 생각보다 오래갈 수 없다는 결론이 나온다.

이에 더해 강렬한 기쁨이나 행복을 동반하는 경험에는 한 가지 부작용이 있다. 너무나도 강렬한 기쁨을 어쩌다 한 번 느낀 후에는 일상적으로 느끼는 작은 기쁨들이 시시해지기 시작한다는 것이다. 실제로 로또에 당첨된 그 부러운 사람들은 그 후 일상적인 소소한 일에서 예전만큼 기쁨을 느끼지 못했다고 한다. 매일 감탄하며 먹던 치킨이 로또에 당첨되는 강력한 경험을 한 후에는 그전만큼 맛있게 느껴지지 않는다는 것이다. 하지만 로또는 일생 동안 또 한 번 당첨되기 힘들고, 치킨은 살아가면서 먹을 일이 많다. 결국 더하기 빼기를 하고 나면 강렬한 기쁨의 효과는 그만큼 줄어든다.

인생은 한 방이라는 말은, 행복이라는 관점에서는 그다지 설득력이 없다. 행복해지려면 무엇인가 거창한 것을 이루거나 거머쥐어야 한다고 생각하기 쉽지만, 가까이 들여다보면 행복에 중요한 요인들은 좀 더 일상과 긴밀하게 연관돼 있다. 예를 들어 통근 혹은 통학 시간이 길수록 우리의 행복도가 떨어진다는 사실이 그렇다. 주변에 녹지가 있는가의 여부 또한 생각보다 행복을 좌우하는 요인이다.

대학 입학이라는 사건을 놓고 봐도 그렇다. 이로부터 오는 행복감에는 합격했다는 그 자체도 한몫하겠지만, 다른 한편으로는 끊임없이 자신과 싸워야 하는 입시 과정에서 벗어났다는 점도 큰 몫을 할 것이다. 잠 안 자고 공부에 매진해야 하기에 미뤄뒀던 즐거운 일들로 하루하루 채워나갈 수 있게 된다. 늦잠을 자고, 맛있는 것을 먹고, 보고 싶었던 만화책도 볼 수 있다. 죄책감 없이 텔레비전도 볼 수 있다. 이렇게 보면 별것 아닌 소소한 것에서 행복이 온다는 것을 알 수 있다.

소박하고 자잘한 기쁨들을 놓치지 않으려는 노력

《트렌드 코리아 2018》에 소개되었고, 최근 많이 회자되는 '소확행' 열풍은 행복이라는 관점에서 봤을 때 좋은 '전략'일 수 있다. 강도보다 빈도를 이야기하는 많은 긍정심리학 관련 문헌들이 "행복해지고 싶다면 소소하더라도 하루하루 무엇을 하며 시간을 어떻게 보내는지에서 행복을 찾아야 한다"고 말한다. 그러나 나이가 들고 현실을 알아갈수록 "행복은 역시 소소한 곳에서 오는 것"이라고 쉽게 말할 수만은 없다는 것을 느낀다. 앞서 이야기했던 통근 시간과 녹지의 경우가 그렇다. 도시에 살면서 직장과 가까우면서도 주변에 녹지가 풍부한 곳에 집을 얻으려고 해본 적이 있는 사람이라면 이것이 결국 모두 현실적인 문제와 연결된다는 것을 알 것이다.

우리는 돈과 행복이 무관하지 않다는 것을 앞에서 살펴보았다. 소소하고 잔잔한 행복 또한 개인 혹은 국가의 경제력과 연결돼 있다. 그럼에도 불구하고 '한 방'보다는 일상적인 즐거움이 행복에 중요하다는 사실은 희망적이다. "고생 끝에 낙이 온다"는 정서를 지닌 우리나라 사람들은 종종 미래의 행복을 위해 현재를 희생한다. 더 좋은 대학에 입학하기 위해, 더 크고 좋은 집을 마련하기 위해 노력하고 노력하다 보면 그 꿈을 이뤄 행복한 날이 오리라 믿는다. 행복이 강도보다 빈도라는 사실은 이렇게 목표를 향해 노력하는 여정에서도 스스로가 누릴 수 있는 행복을 놓치지 않는 여유를 가지라고 조언한다.

만화로 우리에게 더욱 친근한 몽고메리의 소설《빨간 머리 앤》의 주인공 앤은 고아로 살아가면서도 가끔은 뻔뻔하다 싶을 만큼 긍정적인 면이 사랑스러운 인물이다. 배우지 않았어도 행복의 본질에 대해 누구보다 잘 이해하고 있다.

> 행복한 나날이란, 멋지고 놀라운 일이 일어나는 날이 아니라 진주 알이 하나하나 한 줄로 꿰어지듯이 소박하고 자잘한 기쁨들이 조용하게 이어지는 날들인 것 같아요.

목표를 향해 힘겨운 하루하루를 보내고 있어 그렇게 하는 것이 익숙하지 않다면, 더욱 내 선에서 누릴 수 있는 소박하고 자잘한 기쁨들을 놓치지 않으려는 노력을 해보자. 소소하더라도 확실한 행복을 말이다. 행복에 있어 빈도가 더 중요하다는 것은 여전히 반길 만한 일이다.

내가 누구인지를 이해하는 열쇠
/
Big 5 성격 이론

심리학에는 관심이 없을지라도 성격 유형 검사는 한 번쯤 해본 사람이 많을 것이다. 사람들은 다들 자신의 성격에 대해 궁금해한다. 민사고 학생들도 1학년 상담 시간에 이뤄졌던 성격유형 검사와 이를 해석하는 시간을 재미있어 했다. 실제로 성격은 우리 인생 전반에 광범위한 영향을 미치는데, 우리가 어떤 일을 어떻게 하게 될지, 어떤 사람들을 만나 어떤 방식으로 관계를 맺을지, 삶의 대부분을 무엇을 하며 시간을 보낼지 등 매일의 일상을 넘어 인생 전반이 성격에 의해 달라진다. 이런 이유에서 대학원 동기들끼리 수다를 떨 때면 자주 "성격이 곧 팔자"라는 이야기가 나오곤 했었다. 결론부터 말하자면, 행복에 있어서도 성격의 영향은 매우 크다.

어렸을 적, 캐릭터로도 유명한 〈위니 더 푸우〉라는 만화를 매우 좋아했다. 크리스토퍼 로빈이라는 아이의 동물 인형들이 벌이는 일을 그리고 있는데, 인간 사회에서 한 번쯤 보았음직한 다양한 캐릭터를 포착한 것으로 유명하다. 어딘가 모자라고 느리기 짝이 없지만 따뜻한 감성의 푸우, 겁쟁이지만 이를 들키고 싶어하지 않는 피글렛, 과잉행동으로 정신을 쏙 빼놓지만 함께 있으면 즐겁고 재미있는 티거, 항상 우울하고 외로운 늙은 당나귀 이요르까지 다양한 인물이 나온다. 여기서 가장 대비되는 둘은 티거와 이요르다. 티거는 항상 즐겁고 넘치는 에너지를 주체하지 못하지만 이요르는 자신이 행복하다고 이야기하는 그 순간에도 무기력하고 우울해 보인다. 티거 같은 사람과 이요르 같은 사람의 차이는 성격에서 온다.

성격이란 개인을 특징짓는 정서적, 행동적, 인지적인 경향성을 뜻하며, 태어날 때부터 타고나는 기질과 환경의 영향이 뒤섞여 완성된다. 혹시 정식으로 성격 관련 검사를 받아본 적이 있다면 그 검사는 'MBTIMyers-Briggs Type Indicator'였을 가능성이 크다. 이는 한국에서 가장 많이 쓰이는 성격검사이며, 민사고에서도 매년 신입생들에게 했던 검사다. 이 검사에서는 성격이 열여섯 가지 유형으로 분류되고, 이들은 저마다 뚜렷한 특성을 지닌다.

ISTJ 소금형 한 번 시작한 일은 끝까지 해내는 성격	**ISFJ 권력형** 성실하고 온화하여 협조를 잘하는 사람	**ESTP 활동가형** 친구, 운동, 음식 등 다양함을 선호	**ESFP 사교형** 분위기를 고조시키는 우호적인 성격
INFJ 예언자형 사람에 관한 뛰어난 통찰력을 가진 사람	**INTJ 과학자형** 전체를 조합하여 비전을 제시하는 사람	**ENFP 스파크형** 열정적으로 새 관계를 만드는 사람	**ENTP 발명가형** 풍부한 상상력으로 새로운 것에 도전
ISTP 백과사전형 논리적이고 뛰어난 상황 적응력	**ISFP 성인군자형** 따뜻한 감성을 가지고 있는 겸손한 사람	**ESTJ 사업가형** 사무적, 실용적, 현실적인 스타일	**ESFJ 친선도모형** 친절, 현실감을 바탕으로 타인에게 봉사
INFP 잔다르크형 이상적인 세상을 만들어가는 사람들	**INTP 아이디어형** 비평적인 관점을 가진 뛰어난 전략가	**ENFJ 언변능숙형** 타인의 성장을 도모하고 협동하는 사람	**ENTJ 지도자형** 비전을 갖고 타인을 활력적으로 인도

MBTI 성격검사의 열여섯 가지 성격 유형. 한국 MBIT 연구소.

상담 시간에 학생들은 각각의 유형에 대한 설명을 들으며 각자가 다른 삶의 방식을 갖는다는 점을 배우고, 이렇게 다양한 사람들을 이해하고 이들과 함께 지내는 법을 배운다. 학생들에게 MBTI 검사를 하지만 정작 AP심리학이나 긍정심리학 등의 수업에서는 다른 성격 이론을 가르친다. MBTI는 사람을 유형화하고 이론적 근간이 견고하지 않다는 이유로 학계에서는 많이 쓰이고 있지 않다. 학계에서는 'Big 5 성격 이론(성격의 5요인)'이 가장 인정받고 있다.

성격을 파악하는 다섯 가지 키워드

Big 5 이론은 신경증, 외향성, 개방성, 성실성, 원만성(우호성)의 다섯 가지 요인을 통해 사람의 성격을 구분하고 설명한다. 어떤 사람의 전반적인 성격을 알고자 할 때 이 다섯 가지 요인이 각각 얼마나 많이 혹은 적게 나타나는지를 알아보면 된다는 뜻이다. 헌데 심리학자들이 이렇게 사람의 성격이 다섯 가지 요인으로 설명될 수 있다는 점을 알아낸 방식이 재미있다. 어찌 보면 깊은 인문학적 성찰이 필요할 것만 같은 이 결론에 심리학자들은 어떻게 도달했을까? 답은 바로 '사전'에 있다.

다양한 문화권의 사전에서 사람을 묘사하는 형용사를 모두 뽑아낸 후 비슷한 단어들을 하나의 그룹으로 묶는 통계분석을 해보니, 이 단어들이 크게 다섯 개의 요인으로 묶인다는 것을 알게 된 것이다. 예를 들어, '활발한'과 '발랄한'처럼 비슷한 특성을 나타내는 단어는 하나의 요인으로 묶인다. 이렇게 도출된 다섯 가지 요인은 각각 어떤 특성을 반영하고 있는지 알아보자.

1. 신경증(정서적 안정성)

신경증은 정서적 안정성이라고도 불리는데, 말 그대로 정서적으로 얼마나 안정돼 있는지를 나타내는 요인이다. 신경증이 높은 사람, 곧 정서적 안정성이 낮은 사람은 스트레스를 쉽게 받고 민감하며 불안, 우울 등 부정적인 정서를 잘 느낀다. 이런 성향이 심할 경우에는 일상생활에 적응하기가 힘들다. 앞서도 언급한 바 있듯, 우리가 아직 온갖 자연의 위협으로부터 쫓기듯 살아가는 존재였다면 신경증이 높은 것이 삶에 도움이 될 것이다. 신경증은 민감하게 위험을 감지하는, 어쩌면 '능력'이라고도 볼 수도 있기 때문이다. 하지만 지속적으로 목숨을 위협받으며 살지 않는 현대사회에서는 굳이 너무 민감할 필요가 없다. 이 때문에 신경증이 높은 것은 좋지 않은 성향으로 간주되고, 일상생활이 어려울 정도라면 정신이상으로 분류되기도 한다. 항상 민감하고 불안하며 우울감을 잘 느끼는 사람이 주변에 있는 것은 나에게도 영향을 미칠 수 있다. 연인이나 부부들에게 있어 상대방의 신경증이 높은 것은 관계에도 좋지 않다는 점을 알아두자.

2. 외향성

앞서 우리는 외향성과 내향성에 대해 자세히 살펴본 바 있다. 외향성과 내향성은 자극에 얼마나 민감한지에 따라 결정된다고 했다. 그러나 한편에서는 외향적인 사람들의 근원적인 특징이 자극뿐만 아니라 즐거움을 얼마나 좋아하고 추구하는가와 연관이 있다는 주장을 한다. 외향적인 사람들이 사람을 좋아하고, 또 그런 것으로 비춰지는 이유는, 타인이라는 존재가 기본적으로 매우 자극적이며 큰 보상(기쁨)을 줄 수 있기 때문이다. 자극과 즐거움을 찾다 보니 즐거운 사회적 관계를 적극적으로 찾아 나서지만, 직장 상사와 같이 불편한 관계는 외향적인 사람이 내향적인 사람들보다 오히려 더 꺼려한다는 연구 결과가 있다.

외향적인 사람들이 즐거움에 더 민감하다는 주장은 의외로 '낮잠 자기'와 같이 혼자 하는 즐거운 활동에서도 내향적인 사람들보다 외향적인 사람들이 더 큰 즐거움을 느낀다는 데에서도 뒷받침이 된다. 이는 외향적인 사람과 내향적인 사람들의 생물학적 차이에서 기인하는 것으로 보이는데, 외향적인 사람들의 뇌는 보상과 기쁨의 호르몬인 도파민에 무딘 반면, 내향적인 사람들은 도파민에 민감해 외향적인 사람들보다 더 빨리 도파민에 지친다고 한다. 결국 외향적인 사람들이 자극을 찾아다니는 이유는 뇌가 자극뿐만 아니라 보상(즐거움)에도 더 둔감하기 때문이라는 이야기가 된다.

3. 개방성

개방성이 높은 사람들은 추상적인 아이디어와 이상적 가치를 추구하고 지적 호기심이 많으며 예술과 문화를 즐기는 것을 좋아한다. 반복되는 것을 지루해하고 다채롭고 풍부한 감정을 느낀다. 예술을 통해 짜릿함이나 전율을 잘 느끼는 사람은 개방성이 높을 가능성이 크다. 이 성향이 높은 것은 또한 지능이 높은 것과 도 연관이 있다고 알려져 있다.

독창적이고 상상력이 풍부하며 지적인 삶을 살아가는 개방성 높은 사람들을 한번 떠올려보자. 혹시 뭔가 끌리지 않는가? 실제로 개방성이 높은 사람들은 이성에게 굉장히 매력적으로 어필된다고 한다. 직업적으로는 예술가나 학자가 높은 개방성을 지녔을 가능성이 크다. 반면 개방성이 낮은 사람들은 익숙하고 반복되는 것을 고수하고 관습적이다. 개방성이 높은 사람의 입장에서 보면 매우 지루하게 느껴질 수 있다.

4. 성실성

지금 당장 자신의 방이나 집을 한번 떠올려보자. 지저분하고 산만한가? 아니면 깔끔하게 정리돼 있는가? 전자의 경우는 성실성이 낮을 가능성이 높고, 후자는 성실성이 높을 가능성이 크다. 방이나 책상뿐만 아니라 사는 방식도 마찬가지다. 계획적이고 조직적이며 꼼꼼하고 성실하게 목표를 추구해나가는 사람이라면 성실성이 높은 사람이다. 이 요인은 성취와 밀접한 연관이 있다. 성실성이 높은 사람들이 자신이 하는 일에서 두각을 나타내고 사회에서도 성공할 가능성이 크다. 그도 그럴 것이 성실성이 높고 낮음을 판가름 짓는 요인 중 하나로 '높은 성취욕'이 포함돼 있기 때문이다. 사회 각계각층에서 성공하고 있는 사람들의 성실성 점수는 그래서 평균보다 높을 것이라 짐작해볼 수 있다.

5. 원만성(우호성)

말 그대로 사람들과 얼마나 원만하고 우호적으로 잘 지내는가를 말한다. 원만성이 높으면 다른 사람을 잘 믿고 배려심과 동정심이 많으며 겸손하고 수용적이다. 원만성이 낮은 사람들은 다른 사람들에게 적대적이고 냉소적이다. 원만성이 극단적으로 낮은 것은 사이코패스의 기질이 있다는 것으로 좋지 않지만, 너무 높은 것도 대인관계와 본인의 정신건강에 좋지 않다. 모두에게 지나치게 진실하고, 수용적이고 배려심과 동정심이 많다면 이 험한 세상을 살기 어려울 수 있다. 단적으로 원만성이 높은 사람들이 사기도 더 쉽게 당한다.

성격과 행복의 상관관계

지금까지 우리는 성격이 어떤 요인으로 이뤄져 있는지 Big 5 성격 이론을 통해 살펴보았다. 아마 성격 요인에 대한 설명을 각자 자신이나 주변 인물들의 성격에 대입시켜보며 읽었을 것이다. 이쯤에서 궁금증이 생긴다. 행복한 성격이 따로 있는 것일까? 있다면 어떤 성격이 행복한 성격일까?

자세한 이야기를 하기 전에 먼저 행복에는 생각하는 인지 측면과 느끼는 정서 측면이 있다는 점을 언급해야 할 것 같다. 심리학에서는 행복이 '내 인생에 대해 얼마나 만족하는가'를 뜻하는 삶의 만족도(인지적 측면)와 '긍정적/부정적 정서를 얼마나 많이/적게 느끼는가'의 정서적 측면으로 이뤄져 있다고 본다. 이 이야기를 꺼내는 이유는 성격의 다섯 가지 요인이 각각 조금씩 다른 방식으로 이 둘과 관계를 맺고 있기 때문이다.

어떤 성격이 행복한지에 대해 처음으로 중요한 연구 결과를 내놓은 사람들은 성격심리학의 대가 코스타와 맥크레였다. 이들은 외향성은 긍정적 정서와, 신경증은 부정적 정서와 연관이 있다고 이야기했다. 그런데 실제로 그들의 연구에 의하면 외향성은 긍정적 정서와는 강한 관계를 보인 반면, 부정적 정서와는 큰 연관이 없었고, 신경증은 반대로 부정적 정서와 강한 관계를 맺고 있었지만 긍정적 정서와의 연결고리는 약했다. 그들의 연구에서 재미있는 점은 참가자들의 10년 전 성격검사 결과와 그들이 현재 느끼는 행복의 관계가 현재의 성격과 행복의 관계에서 보이는 패턴과 비슷한 패턴이라는 점이다. 지금 누군가의 성격을 보면, 그 사람의 10년 후 정서적 행복을 대략 예측할 수 있다는 말이다.

두 성격심리학자들은 1991년 또 다른 연구 결과를 내놓았는데, 여기서는 신경증과 외향성뿐만 아니라 개방성, 원만성, 성실성의 역할도 살펴보았다. 이 연구에서 개방성은 긍정적, 부정적 정서 모두와 연관돼 있고, 원만성과 성실성은 삶의 만족도와 관계가 있다고 했다. 하지만 그 이후의 연구들을 살펴보면 이 세 요인에 대한 결과가 일관되지 않아 지금으로서는 '개방적이고, 원만하며, 성실한 것이 행복에 좋기는 하지만 그 효과는 크지 않다' 정도로 생각할 수밖에 없을 듯하다.

결과적으로 보면 Big 5의 다섯 가지 요인 모두가 행복과 연관이 있다. 그중에서도 신경증과 외향성은 정서적인 행복과 큰 연관이 있기 때문에 이 둘에 대해서는 조금 더 자세히 살펴볼 필요가 있다. 코스타와 맥크레의 첫 연구 이후, 행복에 결정적인 영향을 미치는 성격 요인으로 신경증과 외향성은 항상 묶여서 거론돼 왔다. 하지만 가장 중요한 단 한 가지 요인을 꼽으라면 신경증이다. 최근 연구는 일관되게 신경증과 외향성 중 좀 더 중요한 것은 신경증이라 밝히고 있고, 특히 젊은이들 사이에서는 더욱 그렇다고 한다.

성격 요인은 대여섯 개의 하위 요인으로 이뤄져 있는데 신경증의 하위 요인들을 살펴보면 이것이 높은 사람들이 결코 행복할 수 없다는 것을 알 수 있다. 불안, 분노, 우울, 자의식(자기 자신을 제3자의 눈으로 지켜보며 통제하는 것. 적당한 수준은 도덕성·성실성·정의감 등을 갖춘 사회적으로 올바른 사람이 되기 위해 필요하지만 너무 높으면 살기 피곤해진다), 충동성, 스트레스 취약성 등이 여기에 속한다. 특별히 설명하지 않아도 행복과는 거리가 멀다는 것을 금방 알 수 있을 것이다.

외향성이 행복에 매우 중요한 또 다른 요인으로 꼽히는 까닭은 외향적인 사람들이 자극과 보상에 민감하기 때문이다. 외향성의 하위 요인에는 따뜻함, 사교성(정확히는 '말이 많은 정도'), 자극추구, 활동성, 적극성, 긍정성 등이 포함돼 있다. 이 중에서도 따뜻함과 활동성, 적극성, 긍정성이 특히 행복과 강한 관계를 지니며, 긍정성의 경우 그 자체가 얼마나 긍정적인 감정을 잘 느끼는가를 뜻하는 만큼 행복과 연관이 없을 수가 없다. 결국 외향적인 사람들이 행복한 것은 주변에 사람이 많아서, 좋은 일을 많이 만들어서라기보다 그들의 성격 자체가 행복하고 쾌활하기 때문이다. 혼자 낮잠을 자도 아무 이유 없이 더 즐겁고 행복한 사람들이 외향적인 사람들이다. 성격과 행복의 관계를 한 줄로 요약하면 "신경증이 낮고 외향성이 높은 사람들이 행복하다" 정도가 되겠다.

타고난 성격, 바꿀 수 있을까
/
유전의 힘과 한계

지금까지 우리는 성격이 행복을 결정짓는 데 꽤 중요한 요인임을 살펴보았다. 여기서 '꽤 중요한'은 어느 정도의 영향력을 뜻할까? 대략적인 수치이지만 학자들 사이에서는 행복의 약 50% 정도가 성격에 의해 결정된다고 본다. 성격의 영향력을 얕잡아보는 사람들에게는 생각보다 큰 수치일 것이다. 그렇다면 이렇게 중요한 성격, 노력으로 바꿀 수 있을까? 가능하다면 어느 정도까지 바뀌는 것이 가능할까? 이즈음에서 유전에 대한 이야기를 꺼내지 않을 수 없다.

평상시에도 가족관계에서 유전의 힘을 느끼는 사람이 많을 것이다. 학교에서도 아이들의 학부모들을 뵐 때면 종종 신기할 만큼 쏙 빼닮은 경우가 있다. 유전의 힘이 가장 극명한 것은 일란성 쌍둥이들일 것이다. 주변에 쌍둥이가 없다면 〈트윈스터스〉라는 다큐멘터리를 보며 간접 경험을 해봐도 좋을 것 같다.

외동이라 생각하고 살아왔는데 성인이 돼서 갑자기 나의 쌍둥이 동생을 찾게 된다면? 다큐멘터리의 두 주인공에게는 이런 영화와 같은 일이 실제로 일어난다. 한국에서 각각 미국과 프랑스로 입양된 샘과 아나이스는 자신이 쌍둥이라는 사실을 모른 채 성인이 된다. 〈트윈스터스〉는 그들의 극적인 상봉기를 그린다.

이야기는 샘이 아나이스로부터 페이스북 메시지를 받으며 시작된다. 배우 지망생인 샘의 유튜브 영상을 우연히 보게 된 아나이스는 샘이 자신의 쌍둥이일지도 모른다는 생각에 샘에게 SNS 메시지를 보내고, 그 후 둘은 화상통화를 통해 서로에 대해 알아간다. 샘과 아나이스는 외모만 비슷한 것이 아니었다. 둘 다 다혈질인 성격을 타고났고, 예술적이고 창의적인 분야에 재능이 있는 등 전반적인 성향도 비슷했다. 삶은 당근을 싫어하는 것, 다른 사람들은 잘하지 못하는 물고기 소리를 입으로 낼 수 있다는 것 등 사소한 부분까지도 똑 닮아 있었다. 25년간 서로의 존재를 모른 채 전혀 다른 환경에서 자라난 두 사람이 보자마자 깊이 교감하고, 표정만으로 상대의 감정을 정확하게 이해하는 것을 보고 있자면 "피는 물보다 진하다"는 말이 자연스럽게 떠오른다.

환경의 영향 vs 유전의 영향

한 사람의 인격이 형성돼가는 과정에 있어 환경의 영향이 더 중요한지, 유전의 영향이 더 중요한지는 심리학계의 오랜 논쟁거리였다. 심리학자들은 지능, 성격, 정신병과 같은 주요한 심리적 특성에 유전과 환경의 영향력이 어느 정도인지를 밝혀내고자 했다. 이를 위해 지금까지 많은 쌍둥이들이 대동됐다. 큰 기술 없이도 유전의 영향을 알아볼 수 있기 때문이다. 특히 샘과 아나이스처럼 유전적으로는 100% 동일하지만, 100% 다른 환경에서 자라난 경우는 굉장히 좋은 자료가 된다. 이들을 통해 환경과 유전 중 어느 쪽의 힘이 더 강하고 결정적인지를 알 수 있기 때문이다.

유전은 행복에 어느 정도 영향을 미칠까? 이를 알아보기 위해 미국 미네소타대학교의 행동유전학자 데이비드 리켄의 연구팀은 쌍둥이를 대상으로 조사 연구했다. 그리고 행복한 사람들과 행복하지 않은 사람들의 차이가 '유전'에 있다고 답했다. 그들은 〈행복은 확률적인 현상이다〉라는 논문을 통해 행복의 80%가 유전의 영향으로 결정된다는, 행복과 관련해 어쩌면 가장 비관적인 이야기를 들려준다. 어떻게 이런 수치가 나왔을까?

연구의 대상은 미국 미네소타 주에서 1936년~1955년 사이에 태어난 중년의 일란성과 이란성 쌍둥이들이다. 쌍둥이 참가자들은 각각 평균 20세일 때와 30세일 때, 10년의 간격을 두고 그들의 행복도, 교육 수준, 소득과 직업, 종교 등을 조사하는 설문지에 응답했다. 연구팀의 관심사는 행복인 만큼 가장 먼저 본 것은 참가자들의 첫 조사 시점인 평균 20세 당시(Time 1)의 행복과 두 번째 조사 시점인 30세 당시(Time 2)의 행복의 관계였다. 한 사람이 20세 때 얼마나 행복했는지가 30세 때 얼마나 행복한지와 어떤 연관이 있는지 조사한 것이다. 당연히 이 둘은 서로 연관돼 있었는데, 수치로 보면 0.5의 상관관계가 나왔다. 여기서 상관관계란 두 변인이 상관이 있는가를 나타내는 말인데, 결과는 −1에서 1 사이의 값을 갖는다. 1은 두 변인이 완벽하게 같이 움직인다는 것을, 0은 아무 관계가 없다는 것을, −1은 완벽하게 다른 방향으로 움직인다는 것을 뜻한다. 여기서의 변인은 첫 조사 시점의 행복도와 두 번째 조사 시점의 행복도라고 할 수 있다.

그 후 연구팀은 상대방 쌍둥이의 20세 때 행복도가 남은 한 명의 30세 때 행복도와 어느 정도로 연관돼 있는지 분석했다. 재미있게도 그 결과는 쌍둥이가 일란성인지, 이란성인지에 따라 확연히 달라졌다. 일란성 쌍둥이는 이 수치가 0.4로 꽤 높았고 이란성 쌍둥이는 이 수치가 0.07로 0에 가까웠다. 일란성 쌍둥이들의 0.4라는 수치는 본인의 10년 전후의 행복도 관계에서 보았던 0.5의 80%라 할 수 있다. 행복의 80%가 유전 영향으로 결정된다는 연구팀의 논리는 바로 여기에서 나왔다.

이란성과 일란성 쌍둥이의 결과가 큰 차이를 보였다는 결과보다 더 놀라운 점은 일란성 쌍둥이가 함께 자랐는지, 아니면 어떤 이유에서건 서로 떨어져 자랐는지는 전혀 중요하지 않았다는 점이다. 일란성 쌍둥이라면 샘과 아나이스처럼 평생을 떨어져 지낸 경우와 평생 한 가정에서 함께 지낸 경우가 다르지 않다는 것이다. 환경의 완벽한 패배다.

유전의 영향이 부각되는 결과는 다른 연구에서도 볼 수 있다. 예를 들면 다른 환경에서 자란 일란성 쌍둥이가 같은 환경에서 자란 이란성 쌍둥이보다 더 많은 부분, 더 강하게 닮아 있었다. 리켄의 연구팀은 이러한 연구 결과를 바탕으로 '더 행복해지고자 노력하는 것은 자신의 키를 늘리려고 노력하는 것만큼 헛된 일'이라는 결론을 내린다. 〈행복은 확률적인 현상이다〉라는 논문의 제목이 이미 그들의 비관적인 논리를 암시한다. 그들의 연구에 따르면 행복은 결국 어떤 유전자를 갖고 태어나는지에 좌우되는, 그야말로 운에 맡겨야 하는 현상이다. 그러나 지금은 여러 연구를 통해 유전의 영향을 행복의 50% 정도로 보고 있고, 따라서 노력으로 변화될 수 있는 부분 또한 유전만큼은 아니지만 꽤나 크다.

긍정심리학 수업을 듣는 학생들이 가장 받아들이기 싫어했던 내용이 바로 이 유전에 대한 것이었다. 수업 제목을 부정심리학으로 바꾸면 어떻겠느냐는 농을 듣기도 했다. 스스로 어떻게 해볼 수 없는 요인이 행복에 이렇게나 큰 영향을 미치고 있다는 것이 너무 비관적으로 느껴졌던 모양이다. 변화의 가능성을 외치며 노력을 강조하는 사회 분위기나 어른들의 말에 익숙해진 탓도 있겠지만 생각하기 나름이다. 어림잡아 나머지 50%의 변화 가능성이 있다고 해보자. 우리의 키로 따지자면 평균을 170cm으로 잡을 때 85cm가 아래위로 달라질 수 있다는 이야기다. 이 정도면 엄청난 가능성이다. 심지어 행복의 80%가 유전이라 하더라도, 나머지 20%를 키로 따지면 34cm의 변화 가능성이 있다.

다른 한편으로는 나의 행복이 어느 정도 결정돼 있다는 사실이 마음을 묘하게 편하게 한다. 노력도, 변화하는 것도 다 좋지만, 나 자신을 있는 그대로 받아들이는 것이 나을 수 있다는 데서 오는 위안이다. 선천적으로 덜 행복한 성격을 갖고 태어나는데 "너는 왜 이렇게 밝지가 못하냐"며 행복을 강요하는 것은 아무리 노력해도 수학이 힘든 문과생에게 "어서 빨리 수학자가 돼라"고 재촉하는 것과 비슷하다. 수학을 힘들어했던 문과생은 아마 알 것이다. 이것이 얼마나 괴로운 일인지를. 자기 자신을 이해하고 받아들이는 것이 자신을 바꾸기 위해 애쓰면서 좌절하는 것보다 나을 수 있다. 노력이나 변화는 어려우니 포기하라는 뜻이 아니라 개개인이 행복을 느끼는 출발선이 다르다는 점을 이해하자는 이야기다.

성격은 변할 수 있지만 기질은 바꿀 수 없다

행복에 성격의 영향력이 약 50% 정도가 된다는 이야기로 이 글을 시작했다. 여기서의 50%는 사실 유전의 영향을 말하는 것이었다. 유전의 영향력은 곧 성격의 영향력이라 해도 과언이 아니기 때문이다. 앞서 쌍둥이의 예시에서 보았듯, 유전의 힘은 강력하다. 심리학 연구에 참가했던 쌍둥이들은 앞서 소개했던 영화 〈트윈스터스〉의 쌍둥이들처럼 평생을 서로에 대해 모르고 살았을지라도 놀라우리만큼 닮아 있었다고 하니 말이다. 하지만 그럼에도 성격을 꼭 바꾸고 싶은 친구가 있다면 불가능하다고 말하고 싶지 않다. 타고난 기질과 상호작용하는 환경이나 경험적인 요소를 바꾸면 가능하기 때문이다.

《콰이어트》의 저자 수전 케인도 성격의 변화 가능성을 말한다. 극도로 수줍은 사람도 연습과 경험을 통해 사람들과 자연스럽게 대면하고 대중 앞에서 매끄럽게 강연할 수 있다. 유전의 힘이 100%가 아닌 만큼, 변화시킬 수 있는 부분은 노력해나가면 된다. 하지만 아무리 노력해도 바뀌지 않는 부분이 있다면, 그것은 사람들이나 대중 앞에 섰을 때 긴장하는 나의 내면 상태다. 이 무의식적인 부분은 아무리 많은 연습과 경험을 해도 사람들 앞에 서는 것을 선천적으로 즐기는 사람과 같아질 수 없다. 나아가 나의 내면에 대한 이해 없이 살 때 우리는 정신적, 심지어 신체적으로 힘들어질 수 있다.

유전에 대한 심리학적 연구 결과들은 우리에게 자기 자신을 먼저 있는 그대로 받아들이라고 말한다. 성격은 어렵더라도 변화 가능하지만, 성격의 밑그림인 기질은 변화하지 않는다. 부모나 선생님이 아이들을 볼 때에도, 무작정 바뀌기를 원하고 노력을 강조하기보다는 그 아이들이 어떤 모습으로 태어났는지 먼저 살펴보고, 그 본래의 모습을 먼저 존중하는 것이 필요하다.

'불가능한 것'과 '힘든 것'은 다르다
/
내향성의 행복 추구법

민사고에서 가장 내향적인 축에 속한다고 생각했던 학생이 있었다. 이 아이를 떠올리면 숲과 어우러진 민사고의 교정을 느릿느릿 걸어 다니던 모습이 생각나 슬몃 미소가 난다. 친구들과 말할 때보다 들을 때가 더 많았던 이 아이와는 졸업 후에도 몇 번인가 만나 이야기를 나누곤 했다. 그런데 언젠가 굉장히 의외의 이야기를 했다.

-저는 좀 외향적인 것 같아요.

내가 잘못 봤을 가능성도 있지만, 짐작컨대 사람을 좋아하고 소통하기를 좋아하다 보니 자기 자신을 외향적이라 생각한 모양이었다.

피터 홀린스의 《혼자 있고 싶은데 외로운 건 싫어The Science of Introverts and Extroverts and Everyone In-Between》는 수전 케인의 《콰이어트》처럼 내향적인 성격에 관해 살펴본 근간이다. 사실 이 책의 제목은 내향적인 사람들의 전형적인 고민이다. 내향적인 나로서는 너무나도 와 닿는 제목이다. 외향적인 성격이 추앙받는 미국에서도 인구 중 3분의 1이 내향적이라 하니 우리나라에서도 나처럼 이 제목에 공감하는 사람들이 많았으리라. 자신을 외향적이라고 여긴 그 학생처럼 나도 사람 만나는 것을 좋아한다. 하지만 시끌벅적하거나 잘 모르는 사람이 많은 환경에 가면 잠깐 정신을 내려놓는 경향이 있고, 또 이런 환경에 있고 나서는 조용한 시간이 반드시 필요하다. 하지만 혼자 있다 보면 어김없이 사람이 그리워진다. 친밀하게 이야기를 주고받을 친구들을 한둘쯤 만나고 싶고, 또 친밀한 친구들과의 모임에 나가는 일이 참 좋다.

우리는 외향적인 성격을 가진 사람들이 더욱 행복하다는 점을 안다. 심지어 성격의 영향은 강력하다는 점과 함께 말이다. 다섯 가지 성격 요인 중 가장 중요한 요인은 신경증이었지만 신경증만큼 그 속내가 단순하지 않아 재미있는 요인은 외향성이다. 특히 내향적인 사람이라면 외향적인 사람이 더 행복하다는 말에 억울

할 수도 있다. 내향적인 사람들은 행복할 수 없다는 말일까? 내향적인 사람들의 행복은 어떤 모습일까? 그리고 내향적인 사람들은 어떻게 시간을 보낼 때 행복할까?

외향적으로 '행동'만 해도 행복해진다?

외향적인 사람들이 즐거워하는 환경은 자명하다. 사람들 많고, 활발히 재미있는 활동을 할 수 있는 상황이면 외향적인 사람들은 기쁨의 호르몬인 도파민의 분비를 맘껏 즐길 수 있을 것이다. 하지만 내향적인 사람의 경우에는? 정도의 차이는 있지만 이런 상황이 부담스럽고 피곤하기 일쑤다. 다들 너무나도 즐거워 보이지만, 내향적인 사람에게는 이 모든 것이 지루한 동시에 버겁다. 즐거워야 할 상황을 자신만 즐기지 못한다는 생각에 살짝 멋쩍기도 하고 즐겁고자 노력할 수도 있다.

주말 저녁, 내향적인 우리들은 집에서 보고 싶었던 영화를 보거나 책을 읽고 있어야 하는 걸까? 아니면 억지로라도 나가서 활동하고 사람들을 만나야 하는 걸까? 일반적으로 내향적인 사람들의 행복이라고 하면 다음과 같은 모습을 떠올리게 된다. 아무도 없는 나만의 공간에서 고양이와 함께 한 권의 책을 읽으며 커피를 마시거나, 자연 속에서 평화롭고 느긋하게 보내는 모습 말이다.

많은 사람들이 외향적인 사람들은 외향적인 사람에게 맞는 환경에서, 내향적인 사람들은 내향적인 사람에게 맞는 환경에서 행복을 느낄 것이라 생각한다. 하지만 정말 그럴까? 내향적인 사람들이 혼자 있을 때 행복하다는 일반적인 생각에 의문을 품고 관심을 가졌던 미국 웨이크포레스트대학교의 심리학자 윌리엄 플리슨 교수는 이 질문에 명쾌한 답을 주었다. 많은 심리학자들이 내·외향성의 사람들이 어떻게 다른지에 관심을 가졌던 것과 다르게 플리슨 교수는 개개인에게서 일어나는 내·외향성의 변화와 행복 간의 관계를 관찰했다. 연구팀은 2주간 대학생 참가자들에게 매일 세 시간 간격으로 연락해 그 순간 자신이 얼마나 내·외향적으로 행동하고 있는지와 함께 그들의 감정 상태를 관찰했다.

다음 그래프는 참가자들 중 한 명에게서 수집된 결과를 보여주고 있다. 그래프에 찍힌 점들은 참가자가 2주간 응답했던 내용을 반영하는데, 이 점들이 특정한 패턴을 이루고 있다. 외향적으로 행동할수록 그 순간 느끼는 긍정적인 정서도 올라간 것이다. 참가자들은 외향적으로 행동하는 정도가 1만큼 늘어날 때마다 0.66만큼의 긍정적 정서를 더 느꼈다고 하는데, 여기서 이 값이 마이너스인 사람이 한 명도 없었다는 데 주목해야 한다. 즉 내향적으로 행동할수록 행복하다고 말하는 사람은 한 명도 없었다. '외향성과 긍정적 정서의 상황별 평균 상관계수' 그래프에서 상황에 따라 사람들이 얼마나 행복하다고 말하는지를 살펴봐도

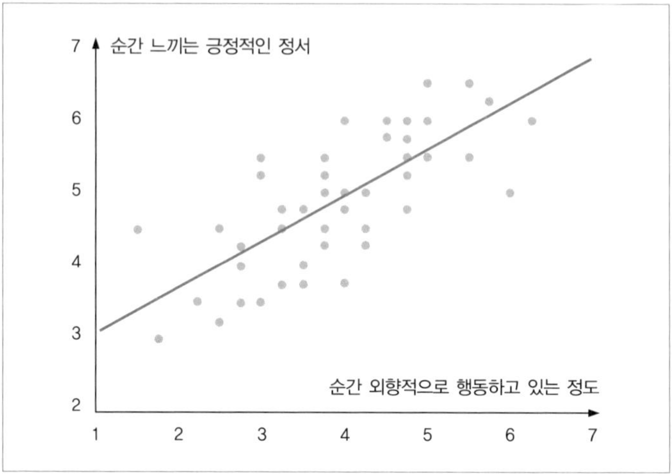

x축은 연구팀이 참가자에게 연락한 순간 외향적으로 행동하고 있는 정도를, y축은 순간 느끼고 있는 긍정적인 정서의 정도를 뜻한다. 플리슨과 동료들(2002).

이 같은 패턴을 볼 수 있다. 사람들은 수업 중이든, 공부 중이든, 운동 중이든, 일하는 중이든, 파티에 있든, 자기 방에 있든, 밥을 먹든, 그 외 어떤 활동을 하고 있든 외향적으로 행동할수록 기분이 좋다고 답변했다.

마지막으로 같은 연구팀이 실행한 실험에서도 비슷한 패턴을 확인할 수 있다. 실험은 참가자들이 10분간 그룹 토론을 하면서 한 번은 내향적으로, 다른 한 번은 외향적으로 행동한 후 기분이 어땠는지를 답하는 방식으로 진행됐다. 재미있는 점은 자신의 본래 성향이 내향적인지, 외향적인지는 상관이 없었다는 것이다.

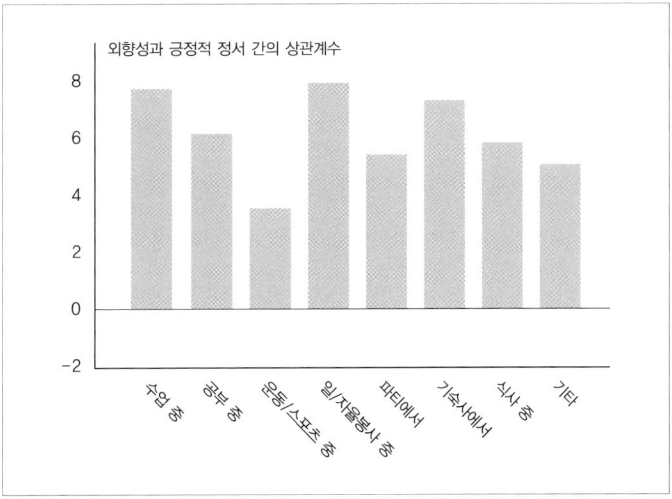

외향성과 긍정적 정서의 상황별 평균 상관계수. 플리슨과 동료들(2002).

이렇게 해서 논문의 부제이기도 한 "외향적으로 행동하는 것이 외향적인 성격인 것만큼 좋은 것인가"라는 질문에 대한 답은 "그렇다"는 것이 저자들의 결론이다. 다시 말해, 행복에 있어서 외향적인 성격이 좋은 것은 '외향적으로 행동하고 있는 상태'가 사람을 기분 좋게 하기 때문이라는 뜻이다.

하지만 혼자만의 시간이나 소수와의 평화로운 시간을 통해 행복을 느끼고 안정을 찾는 내향의 모습이 있는 것도 사실이다. 이런 수수께끼들은 앞으로 연구를 통해 밝혀져야 하는데 개인적으로는 내향적인 사람들은 외향적으로 행동하는 데 노력과 에너지가 상대적으로 더 필요한 것이 아닐까 생각한다.

수전 케인 또한《콰이어트》에서 내향적인 사람들이 외향적으로 행동한다는 것은 자기 자신을 지속적으로 통제하며 일종의 연기를 하기 때문에 지치고, 이후에는 '회복 환경'에서 에너지를 충전하는 시간이 필요하다고 말했다. 본연의 모습으로 돌아가 쉴 수 있는 환경에서 말이다. 분명 외향적으로 행동하는 것이 행복에 좋지만 내향적인 사람들은 여기에 에너지라는 어떤 커다란 비용이 들어 외향적인 사람들만큼 많은 시간 동안 외향적일 수 없고, 따라서 외향적인 사람들보다 덜 행복한 것이라 생각하면 퍼즐이 맞아떨어진다.

행복에는 각각 '나름의 비용'이 필요하다

영국 뉴캐슬대학교에서 행동과학을 가르치는 심리학자 대니얼 네틀 교수는《성격의 탄생》에서 이런 이야기를 했다.

> 우리는 자주 '불가능한 것'과 '힘든 것'을 헷갈려 한다.

영원히 젊음을 유지하는 것은 불가능하지만 생활 습관으로 최대한 건강을 유지하는 것은 가능하다. 내향적인 사람들과 행복의 관계도 이런 게 아닐까? 우리가 운동을 하고 쉬기도 하듯이 행복에 있어서도 내향적인 사람들은 노력도 하고 쉬어도 가면서 자신만의 밸런스를 찾아가야 한다는 것. 행복에 노력이라는 비용이 드는 내향적인 사람의 입장에서 보면 외향적인 사람이 부럽기도 하다. 하지만 나 역시 내향적인 사람으로서 말하자면, 자신에게 맞는 생활을 찾는다면 내향적인 사람도 충분한 행복을 누릴 수 있다. 어쩌면 그 '충분한'만큼이 외향적인 사람들이 필요한 것보다 적은 것일지도 모른다.

나아가 인생에서 행복이 유일한 가치가 아니라면 내향적인 사람들은 외향적인 사람들이 갖기 힘든 그들만의 장점이 분명 많다는 것 또한 우리는 보았다. 깊이 있는 생각과 통찰력이 대표적이었다. 반면, 외향적인 사람들은 사람 좋아하고 활동적인 성격 덕에 안정적인 결혼생활을 유지할 확률이 상대적으로 낮고 다칠 확률은 더 높다. 외향적인 사람들 또한 그들 나름대로 행복에 대한 어떤 비용을 지불하고 있는 셈이다.

내향적인 성격을 가지면 무조건 불행한 것처럼 묘사된 것 같지만 내·외향성은 행복을 결정짓는 여러 요인 중 한 가지일 뿐이다. 내향이지만 정서적으로 안정적이고(신경증이 낮고), 자신이 만족할 만한 성취를 이루며 살아간다면 외향적이지만 정서적으로 불안정하고 삶에 만족하지 못하는 사람보다 더 행복할 수 있으니 너무 낙심할 필요 없다.

돈과 시간으로 행복을 살 수 있는 방법
/
현명한 소비의 비밀

만약 갑자기 100만 원이 생기고 그 돈을 모두 써야만 한다면 무엇을 할까? 이런 상황에서 사람들은 어떻게 돈을 쓰는지를 보여주는 텔레비전 프로그램이 방영된 적 있었다. 개개인의 취향을 존중하고 그 다양한 취향을 관찰해본다는 취지였는데 사람들이 돈을 쓰는 방식이 제각각이었다. 평소 해보고 싶었던 취미생활을 하는 사람, 아내의 출산을 앞두고 아기용품을 사는 사람, '먹방'을 찍는 사람, 그리고 동생을 데리고 동남아로 떠나는 사람 등 모두 자신이 생각하기에 기분 좋은 것을 하는 데 돈을 썼다. 혹시 나에게도 100만 원의 공돈이 생겼는데 반드시 써야 한다면? 한번 상상해보자. 나라면 이 돈, 어떻게 쓸까?

많은 사람들이 돈을 어떻게 하면 더 많이 벌 수 있는지에 대해 고민하지만, 번 돈을 어떻게 써야 하는지에 대한 고민은 그만큼 하지 않는다. 로마 제정시대의 정치가 루키우스 세네카의 말처럼, 돈이란 벌기 힘들며, 가지고 있긴 더욱 힘들고, 현명하게 쓰기는 정말로 힘들다.

돈을 행복하게 쓰는 네 가지 방법

'현명'의 기준은 저마다 다르겠지만, 행복을 그 기준으로 한다면 심리학에서 줄 수 있는 조언이 몇 가지 있다. 2010년 콜롬비아 대학교의 심리학과 교수 엘리자베스 던의 연구팀이 발표한 〈돈이 있어도 행복하지 않다면, 그건 아마도 당신이 돈을 제대로 쓰고 있지 않기 때문〉이라는 제목의 논문이 있다. 논문은 '돈을 행복하게 쓰는 방법'이 따로 있다는 이야기를 하고 있다. 어떻게 소비해야 행복한가에 대한 연구는 돈과 행복의 관계에 관한 심리학 연구에서 큰 부분을 차지하고 있다. 논문에는 그동안 이 주제와 관련된 연구가 요약돼 있는데, 그중 주요한 네 가지를 추려 소개하려 한다. 100만 원을 어떻게 쓸지, 더불어 평소 나의 소비성향은 어떠한지를 떠올리며 읽어보자.

1. 물건보다는 경험을 살 것

행복하게 돈을 쓰는 첫 번째 방법은 물건이 아닌 경험을 사는 것이다. 만약 당신이 아까 상상했던 100만 원을 여행, 전시회나 콘서트 관람, 맛집 탐방, 취미생활 등의 경험을 구매하는 데 쓰기로 했다면 '행복'이라는 관점에서는 성공이다.

사실 물건을 사는 것과 경험을 사는 것을 정확히 구분할 수는 없다. 예를 들어 모터사이클 한 대를 구매했다고 하자. 나는 이것을 어떤 이유에서건 '소유'하고 싶어서 샀을 수도 있지만, 모터사이클을 타는 '경험'을 위해 구매했을 수도 있다. 따라서 물건을 샀느냐, 경험을 샀느냐를 판가름할 때 중요한 것은 나의 의도다. 무엇인가를 사는 행위가 '경험'을 하기 위함인가, 아니면 그것을 소유함으로써 얻는 만족을 위함인가에 따라 물질 구매와 경험 구매로 나뉜다. 물론 둘 다에 해당될 수도 있다. 어쨌든 중요한 것은 '경험 구매'가 우리를 더 행복하게 만들어준다는 것이다. 물건을 사더라도 어떤 '경험'에 중점을 둔다면 행복한 구매가 될 것이다.

사람들은 자신이 했던 경험 구매를 떠올렸을 때, 물질 구매를 떠올렸을 때보다 행복했다고 한다. 물질보다 경험을 구매하는 것이 왜 행복에 더 유리할까?

첫 번째는 '적응'이다. 아무리 마음에 드는 옷을 한 벌 샀어도 옷장에 들어간 지 몇 달만 지나면 더 이상 그 옷을 볼 때 흐뭇하지 않다. 이렇게 우리는 매번 입을 옷이 없는 신기한 경험을 한다. 반면, 경험에 대해서는 이런 일이 잘 일어나지 않는다. 여행에서 경험했던 일들을 회상할 때의 즐거움은 1년이 지나고 2년이 지나도 비슷하거나, 심지어 증가하기도 한다. 즐거움이 더 강하고 오래간다는 것을 알 수 있다.

두 번째 이유는 경험이 물건과는 다르게 비교가 어렵다는 것이다. 아이폰7을 사서 쓰던 즐거움은 아이폰XR이 출시됨과 동시에 줄어든다. 하지만 작년에 갔던 여행은 올해 다른 곳으로 여행을 다녀왔다고 해서 그 가치를 잃지 않는다. 오히려 당시 나를 괴롭혔던 소소한 일들, 예를 들면 생각보다 좋지 않았던 호텔방에 대한 실망이나 맛없는 음식 등등은 잊히거나 미화되면서 실제보다 더욱 좋았던 경험으로 기억된다.

가장 중요한 마지막 이유는 경험 구매가 대부분의 경우 사회적이라는 속성이 있기 때문이다. 경험을 구매할 때에는 보통 다른 사람들과 함께하는데, 우리가 좋아하고 사랑하는 사람들과 즐겁고 의미 있는 시간을 보내는 것은 인생을 행복하게 해주는 무엇보다 중요한 요인이다. 다른 이들과 함께 의미 있는 추억을 쌓는다는 이 속성 때문에 '경험 구매'는 더 큰 행복을 가져다줄 수 있다.

하지만 최근에는 이 모든 이유에도 불구하고 나의 소득 수준이 낮을 때에는 물질 구매가 경험 구매보다 행복을 더욱 증진시킨다는 연구 결과가 있다. 소득 수준이 낮을 때에는 물질 구매가, 먹고살 만할 때에는 경험 구매가 사람들을 행복하게 해준다는 것이다. 돈이 적을 때에는 소득이 높아지는 게 행복에 큰 역할을 하지만 많을 때에는 그렇지 않다는 것과 비슷한 맥락이다. 취미를 즐기고, 여행을 다니는 일 등도 역시 먹고살 만해진 이후에나 즐길 수 있다는 것. 이것이 최근의 결론인데, 이는 좀 더 현실에 가깝다고 할 수 있다.

2. 나보다는 남을 위해 돈을 쓸 것

혹시 공돈 100만 원을 다른 사람을 위해 쓰고 싶다고 생각한 사람이 있는가? 돈을 행복하게 쓰는 또 한 가지 방법은 돈을 다른 사람들을 위해 쓰는 것이다. 이는 앞서 언급했던 엘리자베스 던의 연구팀이 밝혀낸 결과로, 이 내용을 담은 그의 논문은 〈사이언스〉 지에 실리기도 했다.

이 연구팀의 또 다른 분석을 살펴보자. 연구팀은 미국인 632명을 대상으로, 그들이 얼마나 행복한지와 함께 대략적인 연소득과 한 달 평균 자신을 위해 지출하는 금액(생활비 및 나를 위해 쓰는 특별한 지출), 다른 사람들을 위해 지출하는 금액(주변인들을 위해 쓰는 금액과 기부금)을 설문지에 기재하게 했다. 분석 결과, 자기 자신을 위해 쓰는 금액과 행복은 서로 연관이 없었으나 다른 사람을 위해 쓰는 금액의 경우, 행복한 사람일수록 그 액수가 크다는 결과가 나왔다. 여기까지는 어느 정도 예상할 수 있다. 그러나 한 걸음 더 들어가면 재미있는 결과를 볼 수 있다. 바로 연봉이 높아질수록 행복해지는 효과와 다른 사람들을 위해 돈을 쓸수록 행복해지는 효과가 거의 비슷한 힘을 가지고 있다는 것이다. 돈을 어떻게 쓰는지가 돈을 많이 버는 것만큼 중요하다는 점을 보여주는 대목이다.

그리고 이러한 현상은 소수의 몇몇 나라를 제외한 거의 모든 국가에서 볼 수 있었다는 점을 우리는 앞서 살펴봤다.

3. 큰 한 개보다 작은 여러 개

행복은 기본적으로 '얼마나 강하게'보다는 '얼마나 자주' 좋은 감정과 생각을 갖느냐에 달려 있다. 이것을 소비와 연결해본다면? 내가 지닌 돈의 양이 한정적이라면, 한 번에 비싸고 큰 것을 구매하기보다 돈을 쪼개서 여러 가지 행복한 일에 나눠 쓸 때 더 많은 행복감을 경험할 수 있다는 것이 세 번째 조언이다. 100만 원을 받는다면, 100만 원을 한 방에 소비하기보다 20만 원짜리 물건이나 경험을 다섯 번 구매할 때 더 큰 행복을 맛볼 수 있다. 같은 금액의 돈이라면, 꼭 필요한 것이 아닌 이상, 여러 가지 일을 통해 기쁨을 자주 맛보는 것이 '행복'만 놓고 봤을 때 더 큰 이익이다.

4. 지금 지불하고 나중에 소비하자

1949년, 뉴욕의 사업가인 프랜시스 맥나마는 부인과 함께 어느 레스토랑에서 식사를 한 후 현금을 깜빡하고 가져오지 않았다는 것을 알게 된다. 명함을 맡기고 추후에 계산하려 했지만 꽤나 창피를 당하며 거절당했다고 한다. 맥나마는 이 일을 계기로 우리가 거의 매일 사용하는 신용카드를 만들었다. 덕분에 우리는 먼저 소비하고 나중에 지불하는 것에 익숙해져 있다. 신용카드의 사용은 수중에 돈이 없어도 쓰고 보는 무분별한 소비를 가져올 때가 있다. 자신이 얼마나 쓰고 있는지 명확하게 가늠하기 힘들어 지출이 수입보다 많아지기 쉽기 때문이다. 많은 사람들이 소득이 계좌로 들어오는 동시에 카드 값으로 사라져버리는 일을 겪는다. 이 패턴이 굳어지면 매달 빚을 내서 쓰고 다음 달 월급으로 그 빚을 막는 '빚쟁이'의 삶을 살게 된다. 그래서 재무 설계사들은 먼저 소비하고 나중에 지불하는 일을 최대한 자제하라고 조언한다. 그러나 심리학자들은 다른 이유에서 먼저 지불하고 나중에 소비하는 습관을 장려한다.

우리는 무언가 좋은 것을 앞두고 있으면 그 일을 머릿속에 그려보고 기대도 하면서 흐뭇해한다. 올 여름휴가 계획을 다섯 달

전에 예약했다면, 예약한 순간부터 여름휴가를 가기 전까지 총 다섯 달 동안은 여름휴가를 생각하며 행복해질 수 있다. 기대는 행복에 일조한다. 많은 사람들은 보통 즐겁고 행복한 일이 있을 때 그 일을 경험하는 순간에만 행복을 느낀다고 생각한다. 하지만 어떤 일을 기대하면서 또는 회상하면서 느끼는 즐거움 또한 우리가 느끼는 행복의 한 부분이다. 따라서 좋은 일은 사전에 계획해 그전에 누릴 수 있는 즐거움을 적극 누리라는 것이 심리학의 조언이다.

시간을 행복하게 쓰는 다섯 가지 방법

돈과 더불어 시간 또한 우리 삶에 매우 귀중한 자원 중 하나다. 특히 현대인들에게 시간은 매우 귀중한 자원이다. 하지만 모두에게 똑같이 주어져서일까? 우리는 돈이라는 자원에 비해 이 시간의 귀중함에 대해서는 많이 생각하지 않는 듯하다.

행복을 연구하는 학자들조차도 돈과 행복의 관계에 관해서는 몇십 년 전부터 관심을 가졌지만 시간은 불과 2010년경부터 관심 주제가 됐다. 그중 2011년에 발행된 '행복하게 시간을 쓰는 법'에 대한 논문을 소개해보려고 한다. 미국의 사회심리학자 제니퍼 아커 등이 저술한 〈돈이 당신을 행복하게 해주지 못한다면 시간에 대해 생각해보라〉는 제목의 논문이다. 여기에는 시간을 행복하게 쓰는 다섯 가지 방법들이 소개돼 있는데, 첫 번째는 우리 인생에 지대한 영향을 미치는, 바로 인간관계에 관련된 것이다.

1. 좋은 사람들과 시간을 보내라

사람들과 좋은 관계를 맺고 있는 사람일수록 행복하다는 점에 대해 반박할 심리학자는 아마 없을 것이다. 같은 활동이라도 혼자 하는 것보다는 누군가와 함께하는 것이 그 활동을 더 즐겁게 만들어준다. 그에 비해 혼자 있는 것은 사람들을 슬프거나 외롭게 만든다. 혼술, 혼밥, 혼행이라는 단어들이 유행일 만큼 요즘 싱글족들이 대세이지만 많은 사람들이 그 로망에 이끌려 혼자 여행을 갔다가 외롭고 혼란스러운 시간만 보내고 온다.

사람들과 함께하는 것이 즐겁다고 하는데 여기서 포인트는 '좋은'이라는 단어에 있다. 외로움을 피하기 위해 무조건 사람들과 함께 있는 것이 아니라 마음에 맞는 좋은 사람들과 함께하라는 것이다. 우리는 친구는 많아야 좋고, 한 번 맺은 우정은 이어가는 것이 좋다는 고정관념으로 함께 있어도 전혀 즐겁지 않은 이들과 만남을 이어간다거나, 어떤 의무감에 억지로 누군가를 만나는 일을 생각보다 많이 한다. 관계를 중시하는 우리나라 문화에서는 원하지 않는 인간관계를 습관적으로 이어나가는 경우가 많다. 많이 줄어줄었지만, 직장 동료들과의 친목 도모를 위해 불필요한 회식을 자주 오래하는 것이 한 예가 될 수 있겠다. 이런 집단주의적 문화는 한국 국민의 행복을 저하시키는 큰 요인 중 하나다.

2. 가치 있는 활동에 시간을 써라

사람들을 행복하게 하는 활동의 종류를 살펴본 연구에서 사람들은 친구나 가족과 함께할 때 가장 즐거워했던 반면, 일을 하거나 출퇴근하는 시간에 가장 행복하지 않았다고 한다. 앞서 언급한 바 있지만 특히 출퇴근 시간을 줄이는 것은 생활에 대한 만족도를 높일 수 있는 손쉬운(현실적으로 가능만 하다면) 방법이다. 하지만 이것은 대체적인 경향성이며 사람마다 상황은 다를 수 있다. 예를 들어 직장생활은 너무 만족스러운 반면, 가족과 함께 있을 때에는 답답함과 절망을 느끼는 사람이라면 그에게는 직장에서 일하는 한 시간이 집에서 가족들과 보내는 한 시간보다 분명 더 행복할 것이다. 사람마다 행복할 수 있는 활동은 다양하기 때문에 논문의 저술자들은 시간을 보낼 때 자신에게 이 질문을 한 번 해보라고 제안한다.

> 내가 하려는 일이 시간이 갈수록 더욱 가치 있게 느껴질 만한 일인가?

참고로 이 질문은 "장기적으로 나에게 이익이 되는 일인가"와는 다른 의미를 갖는다. 나를 진정으로 행복하게 해주는 일과 나에게 이익이 되는 일은 겹칠 수도 있다. 그러나 연로하신 할머니, 할아버지와 시간을 보내는 것은 나에게 실질적인 이익이 되지는 않아도 시간이 갈수록 가치를 더해가는 일일 수는 있다.

3. 실제 시간을 쓰지 않은 채로 경험을 즐겨라

세 번째는 신경과학·뇌과학 연구에서 힌트를 얻은 조언이다. 한 연구 결과에 의하면 즐거움과 관련된 뇌 부위는 즐거운 일을 하는 상상만으로도 활성화된다. 즐거운 일을 상상하고 예상할 때의 즐거움은 실제로 그 일을 하는 즐거움보다 클 수도 있다고 한다.

몇 달 뒤에 갈 여행을 위해 비행기와 숙소 예약을 마친 후, 그 여행을 미리 상상해보면 모든 것이 완벽하다. 화창한 날씨, 친절한 사람들, 완벽한 호텔방 등까지. 하지만 실제 여행을 가보면 생각했던 것과는 다르다. 날씨가 좋지 않고, 사람들이 생각보다 불친절하고, 호텔방에는 문제가 있다. 또는 단순히 여행지에 내가 별 이유 없이 큰 매력을 느끼지 못할 수도 있다. 실제 경험이 즐겁지 못했다고 해서 여행과 관련됐던 모든 시간이 즐겁지 않게 되지는 않는다. 예상할 때의 즐거움 또한 우리가 느끼는 행복 중

하나이기 때문이다.

소설《빨간 머리 앤》에서 앤은 이렇게 말한다.

> 어떤 일이든 기대하는 데 그 즐거움의 반이 있는걸요. 혹시 일이 잘못 된다 해도 기대하는 동안의 기쁨은 누구도 뺏을 수 없을 거예요.

만약 즐거운 일을 앞두고 있다면 적극적으로 상상하고 기대하며 행복해하자. 나의 상상은 실제 그 일을 경험하는 것보다 더 큰 행복을 안겨줄 수도 있다.

4. 시간을 더 여유 있게 써라

돈이라는 자원은 사람마다 가지고 있는 양이 다 다르다. 이와 다르게 시간이라는 자원은 우리 모두에게 하루 24시간씩 동일하게 주어진다. 그런데 어떤 사람은 쫓기듯 살아가고 어떤 사람은 여유가 있다. 무엇이 차이일까?

심리학자들은 '지금, 여기'에 집중하라고 말한다. 우리가 현재에 집중했을 때, 미래를 생각할 때보다 덜 조급하고 더 여유로워지기 때문이라고 한다. 그러나 바쁜 생활 속에서는 정신력만으로 '지금, 여기'에 집중하기는 어려울 수도 있다. 그럴 때 아주 쉽고 유용한 방법이 있으니, 바로 깊은 호흡이다. 평소보다 조금 더 천

천히, 조금 더 깊이 숨을 쉬는 것이 '지금, 여기'에 의식적으로 집중하는 것과 비슷한 효과를 낸다고 하니 인생이 촉박하게 굴러간다고 느껴질 때 한 번씩 숨을 깊게 쉬어보자.

연구자들이 또 하나 강조하는 것은 '통제감Sense of control'이다. 삶을 스스로 통제하고 있다고 느끼는 사람들은 더 행복하고, 덜 우울하고 더 건강하다. 의무적으로 하는 활동보다 자발적으로 하는 활동이 당연히 더 즐겁고, 나아가 하루 중 자신이 마음대로 쓸 수 있는 시간이 있고, 그런 시간이 실제로 있다고 느끼는 것은 삶에 대한 만족도와 매우 강하게 연결돼 있다. 일이 많은 사람들이 느끼는 좌절감은 일이 많은 그 자체에서 오기보다 자신의 일과 시간을 통제할 수 없음에서 오는 경우가 많다는 점도 같은 맥락이다.

5. 행복은 나이에 따라 변한다는 점을 기억하라

우리가 20세에 느끼는 행복과 40세, 60세에 느끼는 행복은 같을까? 20대 때에는 친구들과 함께 사람들이 북적거리는 곳에서 어떤 형태로든 신나게 노는 것이 행복일 수 있고 40대 때에는 가족들과 함께 여행을 가거나 도란도란 모여 맛있는 음식을 먹는 것이 행복에 더 가까울 수 있다. 다섯 번째 조언은 바로 연령대에 따라 행복의 모습이 달라짐을 알고, 이를 고려하라는 것이다.

사람들은 젊고 한창 미래지향적일 때에는 새롭고 흥미로운 사람들을 만나며 '흥분'의 감정으로 행복을 느끼는 반면, 나이가 들수록 익숙한 친구, 가족들과 시간을 보내며 '평화로움'의 감정으로 행복을 느낀다고 한다. 진로 고민을 하거나, 인생 전반을 설계할 때 내가 지금 추구하고 느끼는 행복이 나중에 내가 추구하고 느낄 행복과는 조금 다른 모습일 수 있음을 아이들에게 한 번쯤 말해주자.

'근자감'이 있는 아이가 행복하다
/
긍정적 환상과 낙관주의

민사고 첫 학기에 맡아 했던 수업 중 선택교과심리학이 있었다. 심리학의 역사에서 중요한 획을 그었다고 생각하는 심리학 실험 열 가지를 소개하고, 실험이 탄생한 배경이나 학자에 대해 좀 더 자세히 알아보는 수업이었다. 민사고 첫 학기에 이 수업을 들었던 아이들과는 정이 많이 들었다. 서툰 선생님을 이해하고 배려해주며 수업을 재미있게 들어주었다. 교사로서 수업을 진행하다 보면 같은 내용이더라도 듣는 학생에 따라 수업 분위기가 달라지는 것을 느끼는데, 이 수업의 분위기는 참 따뜻했다.

한 명 한 명이 다 기억에 남는데, 그중에 2학년 이과생 영규가 있다. 능글능글하게 웃으며 여유 있게 농담을 던질 줄도 아는, 꼭 친근한 삼촌 같은 아이였다.

–선생님, 제가 선생님 애제자잖아요!

–그래? 처음 듣는 이야긴데?

영규의 태도를 보면 얼마나 매사에 긍정적이고 자기 자신에 대해 자신감이 있는지 느낄 수 있을 정도였다.

영규는 모든 면이 평탄해 보였다. 무엇보다 사회성이 좋았다. 사교적이면서도 선을 넘지 않았다. 여기에 사람을 푸근하게 품어 주는 느낌이 더욱 호감을 갖게 했다. 친구관계와 가정이 모두 화목하고 좋아 보였고, 게다가 민사고생이라는 그 자체만으로도 외부에서는 많은 주목을 받았을 것이다. 영규에게는 자신감을 가질 만한 충분한 이유가 있었다. 그런데 우리 주변에는 영규처럼 자신감을 가질 충분한 조건을 가지고서도 열등감에 시달리는 사람들이 있다. 반대로 자신감을 가질 만한 이유가 많지 않음에도 자신감을 가지고 있는 사람들도 있다.

어떤 근거가 없음에도 불구하고 자기 자신을 몹시 사랑하며 자랑스럽게 여기는 마음 상태를 시쳇말로 '근자감'이라고 한다. 근자감은 생각보다 흔하다. 예를 들어, 회사나 학교에서 중요한 발표를 앞두었다고 하자. 대본을 만들어 외워가며 며칠 준비했고 성공적으로 마무리했다고 생각한다. 자신감 있으면서도 친절했으며 상사나 동료의 칭찬에 겸손하게 대응했다고 느낀다. 따뜻한 카리스마로 자기 발표가 꽤 설득력 있었다고 만족하지만, 안타깝게도 이런 흡족함은 착각일 가능성이 크다.

'평균 이상 효과Better-than-Average Effect'에 따르면, 우리는 객관적인 현실보다 우리 자신을 좋게 평가한다. 아래 간단한 심리 테스트를 해보자. 아래 나열된 성격 특성을 보고 자신이 평균적인 한국인보다 더 낫다고 생각할수록 높은 숫자를, 평균의 한국인보다 못하다고 생각할수록 낮은 숫자를 1부터 7까지 빈칸에 쓰면 된다. 1은 평균 이하, 4는 평균, 7은 평균 이상이다.

협력을 잘하는	( )	사려 깊은	( )	책임감 있는	( )
친절한	( )	인격을 존중하는	( )	믿을 수 있는	( )
편안한	( )	진실된	( )	의리 있는	( )

이제 평균 몇 점이 나왔는지 계산해보자. 미국 오하이오대학교 심리학과 교수인 마크 알리케는 비슷한 실험을 통해 참가자들이 자기 자신을 평균에 비해 어떻게 생각하고 있는지를 살펴보았다. 논리적으로 따져봤을 때 모든 사람들이 자기 자신에 대해 객

관적인 평가를 하고 있다면, 사람들이 자기 자신에게 준 점수의 평균을 따졌을 때 나와야 하는 값은 평균값인 4에 가까워야 한다. 하지만 실험의 결과를 보면 많은 사람들이 자신을 평균적인 사람들보다 좋은 성격을 지니고 있다고 믿고 있었다.

사람들이 자기 자신에게 준 점수의 평균은 4보다 훨씬 높았다. 자신에 대한 이러한 환상, 착각은 성격뿐만 아니라 운전과 같은 능력이나 재능에 있어서도 나타난다. 사람들은 평균적으로 자기 자신을 '평균 이상'이라 평가한다. 이 실험은 사람들 대부분의 근자감이나 자존감이 한국인인 우리보다 높은 미국에서 이뤄졌기 때문에 한국에서는 다른 결과가 나올 수도 있다. 하지만 "겸손이 미덕"이라는 한국에서도 자신감 넘치는 사람 한 명쯤 찾는 것은 어렵지 않다.

행복한 사람들의 근거 없는 착각

혹시 이 글을 읽으며 떠오르는 사람이나 에피소드가 있는가? 어쩌면 그 주인공이 자기 자신일지도 모르겠다. 중요한 것은, 근자감을 갖는 사람이 땅에 발을 딱 붙이고 현실을 직시하는 사람들보다 대체적으로 즐겁고 행복하다는 점이다. 또 행복한 사람일수록 근거가 있든 없든 높은 자존감을 가지고 있다는 것이다.

행복한 사람들의 근거 없는 착각은 자기 자신에게만 일어나지 않는다. 근자감이 충만한 사람은 자기 자신뿐만 아니라 온 세상을 장밋빛 색안경을 낀 채 바라보고 있을 가능성이 크다. 이 색안경을 심리학에서는 '긍정적 환상Positive illusion'이라고 한다. 현실을 받아들일 때 긍정적인 환상을 지닌다는 말이다. 긍정적 환상 중에는 '낙관주의'도 있다. 우울한 일이 있을 때 "긍정적으로 생각해"나 "다 잘될 거야"와 같은 위로를 받아보지 않은 사람이 없을 만큼 낙관주의는 자신감, 자존감과 함께 행복에 밀접한 연관이 있다.

민사고는 종종 5월까지도 눈이 내리는 강원도 횡성의 산골짜기에 있다. 학교에서 아무리 제설 작업을 해도 눈으로 미끄러워진 언덕길을 오르락내리락해야 하는 일이 많다. 수업 시간에 맞추려다 넘어져 다리가 부러지는 경우도 은근히 흔했는데, 하루는 내 수업을 듣는 학생 한 명이 다리에 깁스를 하고 왔다. 빙판길에서 다리가 부러졌던 것이다. 그 후 우연히 본 SNS 담벼락에 이런 글이 있었다.

–다른 사람들은 다 다리 부러져도 나는 안 그럴 줄 알았는데. ㅋㅋㅋ

다른 사람들이 미끄러질 수 있다면 나도 미끄러질 수 있다. 그런데 다른 사람이 미끄러져 넘어지는 것을 눈앞에서 보더라도 나에게만은 그런 일이 일어나지 않을 거라고 믿는 것을 낙관주의라 한다. 정확히 말하면, 미래의 나에게는 좋은 일만 일어날 것 같은 막연한 예감이라 할 수 있다. 이런 의미에서 낙관주의는 따지고 보면 일종의 근거 없는 착각이다. 세상이 온통 내 좋을 대로만 흘러가지 않은 것이 객관적 사실이기 때문이다. 그러나 앞서 보았듯 행복한 사람들은 이러한 착각을 흔히 하고 산다. 우울한 사람들은 부정적이기보다 지나치게 정확하고 객관적이라는 이야기가 있을 정도다. 어떤 사람들에게는 또다시 힘 빠지는 이야기일 수 있겠지만.

긍정적 환상도 부모로부터 물려받은 유전자의 영향이 크다. 낙관주의의 경우, 34%가 유전이라는 연구 결과가 있다. 그럼에도 불구하고 '생각'은 성격과 기질보다는 바꾸기 쉽다. 내가 생각하는 방식만큼은 나를 둘러싼 분위기, 사회와 문화가 큰 역할을 하기 때문이다. 브리티시컬럼비아대학교 심리학 교수 스티븐 J. 하인은 4,000명이 넘는 캐나다인과 일본인을 대상으로 자존감에 대한 연구를 진행했다. 그의 연구에서는 우리나라와 같이 전반적인 자존감이 낮은 나라인 일본인들이 자존감이 높은 나라인 캐나다에 오래 머무를수록 자존감이 높아지는 것을 볼 수 있다. 한 번도 외국에 나가보지 않았던 일본인에서부터 외국에 나가본 일본인, 캐나다로 최근 이민 간 아시아인, 이민자의 2세와 3세를 비교했는데, 이민자의 3세에 이르러서는 유럽계 캐나다인과 다를 바 없는 수준의 자존감(혹은 근자감)을 내비쳤다.

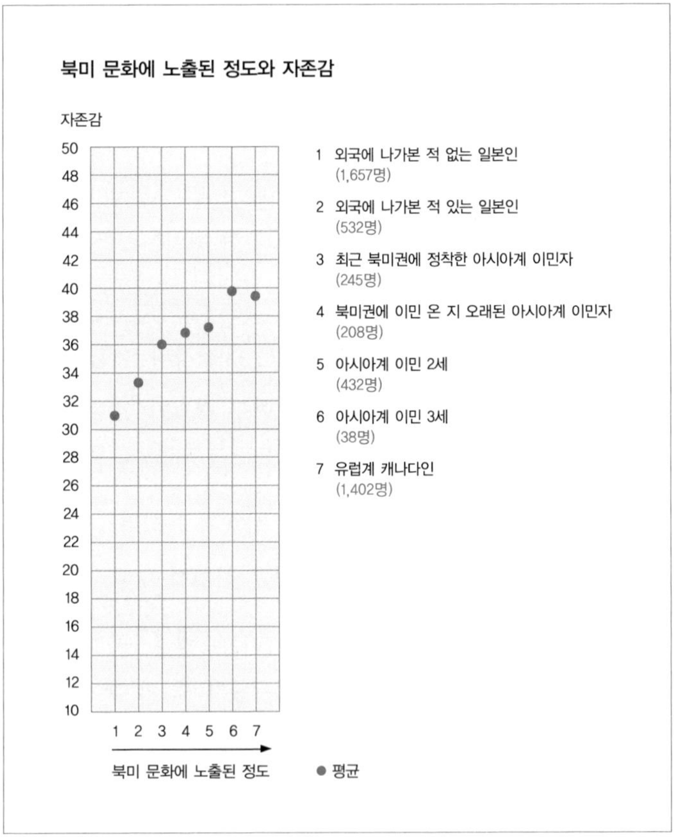

일본 등 아시아인이 북미 문화를 접한 정도에 따른 자존감 | 스티븐 J. 하인과 동료들(1999).

미국과 캐나다에서는 사람들이 그곳에서 태어났다는 이유만으로 자기 자신에 대해 긍정적이지만, 우리나라와 일본 같은 경우는 그 반대다. 그래프를 보면 사회문화가 중요하다는 이야기가 와 닿을 것이다.

《자존감 수업》이 오랫동안 베스트셀러였던 것을 보면 높은 자존감을 갖고 싶어 하는 사람들이 우리나라에 얼마나 많은지를 알 수 있다. 이들에게는 단순히 "자신을 긍정적으로 바라보게 하는 사회문화가 중요하다"는 말이 그리 도움이 되지 않는다. 자기 자신에 대한 긍정적인 믿음을 갖는 서양의 문화와 우리 문화의 차이점을 알면, 자존감을 높이는 방법을 조금 더 쉽게 찾을 수 있지 않을까 한다.

이 둘의 가장 큰 차이는 개인주의와 집단주의 문화에 있다. 서양 국가들에 비해 우리나라나 일본 사회는 아직 집단주의적인 성향이 강해 개인보다 집단이나 관계가 우선시되는 면이 있다. 그러다 보니 튀는 사람을 싫어한다. "모난 돌이 정 맞는다"는 속담은 여전히 힘을 발휘한다. 자기주장이 강한 사람, 두각을 나타내는 사람, 조금이라도 특이한 사람을 그냥 지나치지 못하고 어떻게 해서든 집단이나 관계에 끼워 맞추려 하는 문화적 풍토가 아직도 강하게 남아 있다.

더 큰 문제는 집단주의적인 문화가 수직적이기까지 하다는 것이다. 나이가 많고 지위가 높으면 타인에게 마음대로 할 수 있다고 생각하는 사회에서는 누구든 건강한 자존감을 갖기 어렵다. 자존감을 갖기 위해 아무리 서로를 칭찬하고, 자기 자신을 긍정적으로 바라보려 노력해도 문제가 해결되지 않는다. 나이와 지위, 사회적 잣대에 따라 사람들을 줄 세우지 않고 개인을 '한 인격'으로 인정하고 존중하는 것이 가장 근본적인 해결책이다. 내가 조금 더 높은 지위에 있다고 해서, 또는 누군가 집단에 융화되지 않는다고 해서 타인의 삶에 대해 왈가왈부할 자격이 나에게는 없다는 것을 깨닫는 것이 우리 사회의 자존감을 회복하는 길이라 생각한다.

좋은 일을 상상할 줄 아는 능력

'긍정적인 환상'에 대해 이야기할 때 가장 먼저 떠오르는 인물은 빨간 머리 앤이다. 앤의 이야기는 고아원 생활을 하던 앤이 캐나다 프린스 에드워드 섬의 초록색 지붕 집에 사는 커스버트 남매에게 오면서 시작된다. 배와 기차를 타고 근처 역에 도착한 앤은 자신을 원하는 사람들이 있다는 사실에 한껏 들뜬 채로 커스버트 아저씨의 마차와 함께 집에 도착한다. 커스버트 아저씨도 좋은 분 같고, 무엇보다 마차를 타고 올 때 봤던 프린스 에드워드 섬은 너무나도 아름다워 앤은 앞날에 대한 기대로 한껏 부푼다.

하지만 집에 도착하자마자 청천벽력 같은 이야기를 듣는다. 그들은 남자아이를 원했던 것이다.

날이 밝으면 다시 진절머리 나는 고아원으로 돌아가야만 하는 앤은 절망에 빠져 울며 잠이 든다. 그런데 다음 날 아침, 커스버트 아주머니가 앤의 방에 찾아갔을 때 창밖을 바라보던 앤은 너무나도 행복한 목소리로 이렇게 이야기한다.

> 이런 아침에는 그냥 온 세상이 좋아서 견딜 수 없을 것 같은 기분이에요. 게다가 시냇물의 웃는 소리가 여기까지 들려요! 저요, 오늘 아침엔 절망의 구렁텅이에 빠져 있지 않을 거예요. 아침부터 그런 절망에 빠져 있어서야 되겠어요? 아침이 있다는 것은 정말 좋은 일이에요.

앤은 어려서부터 절망스러운 환경에서 자라서 그런지 좋은 일을 상상하는 것, 그리고 자연과 같은 세상의 아름다움을 한껏 받아들이는 것을 통해 자신의 행복을 지켜나갔다. 앤이 다시 그 끔찍한 고아원으로 가는 날 아침 시냇물이 흐르는 소리를 웃는 소리로 느끼는 것이 당연했을까? 만약 사람들이 앤과 같은 상황에 처했다면 아마도 대다수가 똑같은 시냇물 소리를 우는 소리로 들었을 것이다. 우리가 세상을 어떻게 바라보는가는 행복과 밀접한 연관이 있다.

때론 콩깍지가 씐 것처럼 나와 나를 둘러싼 세상에 대한 일종의 착각과 환상이 필요하다. 근자감과 확신에 찬 친구에게 굳이 객관적인 현실을 일깨워줄 필요가 없는 이유다.

'지금, 여기'를 살아야 하는 이유

/

마음챙김과 음미

상담 교사 연수에서 명상의 효과에 대해 배운 후 상담 수업 시간에 아이들과 명상을 해보려고 줄곧 노력했던 적이 있었다. 물 흐르는 소리 등의 '자연의 소리'를 틀어놓고 아이들에게 눈을 감은 채로 감사하는 일이나 자신이 좋아하는 장소 등을 상상하게 하면서, 혹은 자신의 호흡에 집중하면서 몸을 이완한 채로 5분이라도 느껴지는 감각과 현 상태에 집중해보는 시간을 갖는 것이 목표였다. 하지만 이런 활동이 아이들로 하여금 쏟아지는 졸음을 참지 못하게 만들고 나머지 수업 시간 동안 비몽사몽하도록 만들어버리는 것을 보고 포기했다. 항시 잠이 부족한 민사고의 아이들에게는 적절하지 않은 활동이었다.

혹은 명상을 지도했던 내가 서툰 탓이었을까? 어찌 됐든 감정 상태를 잔잔하고 평화롭게 만들어주는 것만으로도 판단력과 집중력 향상의 효과가 있으니 할 수 있다면 집이나 학교에서 아이들과 함께 명상을 해보면 좋겠다.

스티브 잡스와 오프라 윈프리가 명상에 빠진 이유

본래 동양의 불교문화에 뿌리를 두고 있는 명상은 요즘 미국을 비롯한 서구권에서 반향을 일으키고 있다. 스티브 잡스는 꾸준히 명상을 했던 사람으로 유명하다. 히피문화의 중심지인 샌프란시스코에서 대학을 다니며 처음으로 명상을 접하게 된 그는 1974년 대학을 중퇴하고는 인도로 7개월간 순례여행을 떠난다. 그 후 명상을 생활화해온 잡스는 이런 습관이 자신에게 미친 영향에 대해 다음과 같이 말했다.

> 가만히 앉아서 내면을 보면 우리는 마음이 불안하고 산란하다는 것을 알게 됩니다. 그것을 잠재우려 애쓰면 더욱더 산란해질 뿐이죠. 하지만 시간이 흐르면 마음속 불안의 파도는 점차 잦아들고, 그러면 좀 더 미묘한 무언가를 감지할 수 있는 여백이 생겨납니다.

꾸준히 명상을 해온 또 한 사람, 미국 최고의 방송인 오프라 윈프리가 있다. 사생아로 태어나 가장 밑바닥에서 시작했지만 가장 높은 곳에 이른 그는 "명상하면, 그리고 자신보다 큰 힘에 자신을 맡기면 1000% 더 나아진다"고 말했다.

심리학계의 거장으로 하버드대학교에서 심리학을 가르치는 엘렌 랭거 교수는 내면을 들여다보고 잠들어 있던 직관의 힘을 깨워주는 명상이 '마음챙김mindfulness'이라는 좀 더 포괄적인 목표에 다다르기 위한 수단 중 하나라고 했다. 랭거가 개념을 체계화한 '마음챙김'은 어딘가 모르게 감성적이고 따뜻한 인상을 주지만, 알고 보면 그렇게 야들야들한 개념이 아니다. 마음챙김을 간단히 설명하면 '의식이 깨어 있는 것'이다.

마음챙김이 몸과 마음의 건강에 미치는 영향

각자 일상적인 하루를 한번 상상해보자. 아침에 일어나 식사를 하고 나갈 준비를 한다. 학교나 일터로 발걸음을 재촉하고, 도착해서는 처리해야 하는 일들을 반자동적으로 해나간다. 일과를 마친 후 다시 집으로 발걸음을 옮겨 저녁을 먹고 숙제나 잡다한 집안일 등 할 일을 마친다. 시간이 남는 날에는 운동이나 텔레비전 시청 등을 하며 여가시간을 조금 갖고, 마지막으로 스마트폰을 보며 잠이 든다. 하고 있는 일에 따라 일과에 차이가 있기야 하겠지만, 대부분이 이렇게 바쁘게 반복되는 일상 속에서 많은 일들을 기계적으로, 무의식적으로 처리하며 살고 있다.

반복되고 익숙해지면 자동적으로 되기 쉽다. 나도 그랬다. 학교에서 진행하는 수업에 어느 정도 적응된 후에는 아이들과 소통하며, 재미있고 가치 있다고 생각하는 지식을 전달하는 일이 너무나도 즐거웠다. 하지만 길지 않은 경력에도 1년이 지나고 2, 3년이 지났을 때 마치 테이프를 틀어놓은 듯, 수업 내용을 무의식적으로 전달하고 있는 나를 문득 발견했다.

마음챙김은 바로 이런 상태에서 벗어나는 것이다. 지금 이 순간 하는 일에 있어 오늘은 무엇이 새로운지, 이 일을 하는 의미는 무엇인지에 대해 의식적으로 주의를 기울이며 깨어 있는, 열린 상태를 유지하는 것이 마음챙김이다. 여기서 중요한 것은 자동화된 습관이나 생각을 버리는 것이다. 무엇인가에 대해 '알고 있다'고 생각하는 마음을 버리라는 것이다. 알고 있다고 생각하는 순간 우리는 주의를 기울이는 것을 그만두기 때문이다. 내가 '알고 있다'고 생각했던 누군가에 대해 가지고 있던 생각(누구누구는 고지식하고 지루하다)을 버리고 그 사람을 열린 마음으로 보는 것 또한 마음챙김의 한 예다. 고정관념을 버려야 한다.

이렇게 주의를 기울이는 것으로 무엇이 달라질까? 엘렌 랭거는 주의를 기울이기 시작하면 그 대상을 좋아하고 즐기기 시작하게 된다고 한다. 무기력증에서 벗어나 적극적으로 관여하게 된다는 것이다. 이렇게 관여하며 적극적으로 생활할 때 스트레스 수치는 내려가고 건강이 좋아진다. 마음챙김을 하는 사람에 대해 다른 사람들은 호감을 갖기 시작할 뿐만 아니라 실행한 일의 성과도 더 좋아진다.

무엇보다 마음챙김을 하면 행복해진다. 오케스트라 단원들을 대상으로 했던 랭거 교수의 실험을 살펴보자. 이 실험에는 오케스트라 단원들은 보통 비슷한 곡을 반복해서 연주해야 하기 때문에 자신의 일을 굉장히 지루해한다는 전제가 깔려 있다. 많은 직장인들이 겪는 일이다. 랭거 교수는 오케스트라 단원들에게 같은 곡을 두 가지 방식으로 연주하게 했다. 첫 번째 그룹은 그 곡을 굉장히 만족스럽게 연주했던 기억을 떠올려, 그때와 최대한 비슷하게 연주하는 조건이었다. 한마디로 하던 대로 하되, 최대한 잘하면 되는 조건이다. 두 번째 그룹에게는 본인만 알아차릴 수 있는 미묘한 변화를 주면서 연주해보라고 지시한다. 새로움을 불어넣어 연주에 더욱 관여할 수 있도록 해 마음챙김을 유도하기 위해서였다. 예상했던 대로 새로운 변화를 주며 연주한 오케스트라 단원들은 항상 하던 대로 했던 단원들보다 연주가 더욱 즐거웠다고 회상했다.

재미있는 사실은 이를 청중들도 알아챘다는 점이다. 이 두 연주를 녹음한 것을 들은 청중들은 마음챙김을 하며 했던 연주를 그렇지 않은 연주보다 더 좋다고 평가했다. 이렇게 마음챙김을 하는 것은 자기 자신에게 활기를 불어넣는 것에서 나아가 주위 사람들에게도 그 에너지를 전달하는 효과가 있다.

마음챙김이 몸과 마음의 건강에 미치는 영향 또한 무시할 수 없다. 리처든 데이비슨 교수의 연구팀은 2003년 참가자들을 8주간 한 시간가량 마음챙김 훈련에 참가하게 한 후 마음챙김을 하지 않도록 통제한 그룹과 비교하는 연구를 진행했다.

연구팀은 마음챙김 그룹과 통제 그룹에게 나타날 두 가지 차이점에 집중했는데, 첫 번째는 뇌의 활동이고 두 번째는 면역력이다. 우울이나 불안을 덜 느끼고 행복한 사람들은 왼쪽 전두엽(이마 쪽에 있는 전방의 뇌)이 오른쪽보다 활발히 활동한다는 기존의 연구 결과를 바탕으로 마음챙김을 하면 이 부위가 더 활성화되는지를 관찰했다. 참가자들은 또한 8주간의 훈련 직후 독감 예방주사를 맞은 후, 항체가 얼마나 많이 생겼는지를 조사받았다.

결과적으로 연구팀은 마음챙김 훈련이 왼쪽 전방위 뇌를 활성화시키고, 예방주사에 대한 항체도 증가시킨다는 점을 발견한다. 재미있는 결과이다. 마음챙김으로 인해 더 행복해졌다고 본인 스스로가 인식하지 못하더라도, 이미 내 몸이 반응한다는 이야기다. 왼쪽 뇌의 활동량과 면역력, 이 둘 사이가 연결돼 있었다는 점 또한 흥미로운 발견이었다. 왼쪽 전방위 뇌가 활발한 사람일수록 독감 예방주사에 대한 항체를 더 많이 만들어냈는데, 이는 곧 행복한 사람일수록 면역력도 좋을 확률이 높다는 뜻이 된다. 이처럼 마음챙김은 우리 몸과 마음에 실질적인 변화를 불러일으킨다. 그리고 이런 변화는 주변 사람들에게까지 전달된다.

소확행과 음미의 상관관계

현재에 주의를 기울인다는 면에서 마음챙김과 같은 맥락이지만, 좀 더 즐겁고 긍정적인 면에 집중하는 방법도 있다. 심리학에서는 이를 '음미Savoring'라 하는데 간단하다. 즐겁고 좋은 일이 있다면 그 순간과 대상에 집중해 잠시 동안만이라도 푹 빠져보는 것이다. 맛있는 음식, 커피 한 잔, 따스한 햇살, 좋은 음악 등 그 대상은 꼭 거창할 필요가 없다. 내가 어떤 것을 음미했던 마지막 경험은 언제였을까? 바쁘고 정신없이 살다 보면 기분 좋은 일이 있어도 무심코 지나치기 마련이다. 하지만 음미하는 습관은 즐거운 일을 놓치지 않게 해준다.

음미하는 습관은 요즘 앞서도 언급했던 '소확행'과도 맥을 같이한다. 이 단어가 처음 쓰인 것은 무라카미 하루키의 수필집《랑겔한스 섬의 오후》에서다.

> 나는 그 '언더팬츠'를 모으는 게 일종의 취미다. 가끔 백화점에 가서

'저걸 살까, 이걸 살까' 하고 혼자 망설이다 대여섯 장을 한꺼번에 사들인다. 덕분에 서랍장 안에는 상당한 양의 팬츠가 쌓여 있다. 서랍 안에 반듯하게 개켜 돌돌 만 깨끗한 팬츠가 잔뜩 쌓여 있다는 것은 인생에서 '작지만 확실한 행복의 하나'가 아닐까 생각하는데, 이건 어쩌면 나만의 특이한 사고방식인지도 모르겠다.

또 러닝셔츠도 상당히 좋아한다. 면 냄새가 풍기는 하얀 러닝셔츠를 새로 꺼내 머리부터 뀔 때의 기분 역시 '소확행' 중 하나다. 다만 러닝셔츠는 늘 같은 상표의 같은 물건을 한꺼번에 사니까, 팬츠와 달리 골라서 사는 즐거움은 없다.

그런데 남자의 경우 속옷이라는 장르는 기껏해야 이게 다다. 여성의 속옷이 커버하는 광대한 영역에 비하면. 마치 분양주택의 앞뜰처럼 좁고 간결하다. 오로지 팬츠와 러닝셔츠뿐이니 말이다.

팬티와 러닝셔츠를 사 모으고 정리해놓는 일이 자신의 '소확행'이라며 진지하게 써내려간 글을 보고 있자면 괜스레 웃음이 나기도 한다. 나에게 '소확행'이란 무엇일까? 딱히 떠오르는 것이 없다면 너무 팍팍한 일상을 살고 있진 않은지 생각해볼 일이다.

이제는 방영 종료된 예능 프로그램 〈무한도전〉에서 개그맨 조세호 씨가 어떤 절에 들어가 묵언수행을 하는 모습이 나온 적 있다. 힘겹게 묵언하던 조세호 씨가 결국 스님의 꾐에 넘어가 수행에 실패하고 대화를 나눈다. 이때 조세호 씨가 〈무한도전〉 종영을 염두에 둔 듯 질문을 한다.

-당장 눈앞에 헤어짐이 있고 다시 만나기를 기다리려 하는데 어떻게 준비해야 좋을까요?

-여기, 그리고 지금을 보세요.

지금 이 순간, 현재의 자신에게, 또 지금 하는 일에 확신이 있다면 내일이라도 당장 다시 시작할 수 있지만 지금이 확실하지 않다면 내일도 없다는 뜻이었다.

지금 하고 있는 일에 최선을 다한다면 미래에 대해 걱정할 필요가 없다. 오늘부터 잠깐씩이라도 열린 마음으로 지금, 여기에 집중하는 연습을 해보면 어떨까? 사실 나에게도 상당히 어려운 과제다. 거창하게 잡지 말고 하루에 한 가지씩 쉽게 해볼 만한 일부터 시작해보자.

/ epilogue /

우리가 행복을 이야기할 때 가장 중요한 한 가지

–'행복'에 대해 생각했을 때 가장 궁금한 건 무엇인가요?

언젠가 긍정심리학 수업에서 학생들에게 건넨 질문이다. 다양한 궁금증이 있었지만, 그중 가장 많았던 질문은 "어떻게 하면 행복해질 수 있는가"와 "행복은 어디에서 오는가"에 대한 것이었다.

우리는 더 행복해지기 위해 돈을 좇기도 하고, 사람을 좇기도 한다. 자녀들은 입시라는 힘겨운 과정을 견디며 버텨내고 더러는 다른 이상을 꿈꾸며 유학을 선택하기도 한다. 원하는 일을 성취하고자 더 많은 에너지와 시간을 쏟거나 때론 그저 즐거워서 어떤 일에 몰입하기도 한다. 하지만 나에게 행복을 보장해줄 것 같은 무언가를 무턱대고 좇기 전, 행복이 어디에서 오는 것인지 정확히 알 필요가 있다.

행복은 어디에서 오는 것일까

지금까지 우리는 행복이 강한 한 방(강도)이 아닌 일상에서 느낄 수 있는 빈번한 기쁨(빈도)에서 오는 것을 보았다. 행복은 많은 부분이 성격과 유전으로 인해 결정되기도 한다. 그리고 경제력 또한 행복에 영향을 미치는 요소 중 하나였으며, 돈과 시간이 있다면 그것을 좀 더 행복하게 소비하는 방법이 있다는 것 또한 알게 됐다. 행복은 긍정적인 착각에서 오기도 하고 매 순간, 현재에 집중하는 마음상태에서 오기도 한다는 것까지 살펴봤다.

이 사실들은 평소 가지고 있던 생각과 맞물리기도 하고, 그렇지 않기도 할 것이다. 잦은 즐거움, 성격, 유전, 대학, 결혼, 돈, 긍정적 착각과 마음챙김……. 사실 우리가 인간에 대해 던지는 질문의 답이 거의 그렇듯이 어느 하나가 행복의 100%를 설명해주지는 않는다. 위에 언급한 모든 요소들이 행복에 어느 정도의 영향을 미친다. 하지만 가장 중요한 한 가지를 꼽자면, 심리학자들이 공통되게 말하는 요인이 있을까?

2002년, 행복 연구의 아버지 격인 에드 디너 교수와 긍정심리학계를 이끌고 있는 마틴 셀리그만 교수는 함께 〈매우 행복한 사람들〉이라는 제목의 논문을 발표했다. 그저 행복한 것을 넘어 자신의 행복 수준에 대해 만점에 가까운 점수를 준 사람들의 특징을 분석한 논문이었다. 다른 많은 변인들을 살펴봤는데, '매우 행복한' 사람들은 다른 사람들보다 더 외향적이고 원만한 성격을 지녔고 신경증 점수가 낮고 정신과 질환을 앓는 경우도 드물었다. 하지만 이러한 특성들은 필요조건이 되지는 못했다. 매우 행복하기 위해 이 특징들을 반드시 갖춰야 하는 것은 아니라는 뜻이다. 없어서는 안 되는 한 가지는 많은 돈도, 건강도 아닌 바로 좋은 인간관계였다. 매우 행복한 사람들 중에서 가족, 연인, 친구들과 좋은 관계를 맺고 있지 않은 사람은 단 한 명도 없었다.

행복에 대한 연구들 중 1938년 하버드대학교에서 시작된 '하버드 그랜트 연구'는 다른 일반적인 연구들과는 규모의 차원이 다르다. 연구자들은 200명이 넘는 참가자들의 대학 시절부터 노년에 이르기까지 80년 가까이 추적해가며 그들이 어떻게 살아가는지를 살폈다. 성인이 된 후 사람들이 어떻게 살아가고 또 성장해나가는가를 봤다는 뜻에서 '성인 발달 연구'라고 부르기도 한다.

주로 실험실 내에서 단기간 내에 이뤄지는 많은 연구들과는 달리 그랜트 연구는 80년이라는 세월 동안 이어진 인생의 흐름을 관찰했기 때문에 그 결과의 무게와 깊이를 무시할 수 없다. 그 결과에는 어떤 사람들이 신체적·정신적으로 건강하고 행복하게 살아가는지, 또 어떤 사람들이 그렇게 하지 못하는지, 어떤 요소가 건강하고 행복한 삶에 있어 결정적인 역할을 하는지, 또 성공에 있어서는 어떤 요소가 결정적인 역할을 하는지와 같은 질문의 답이 포함돼 있다. 30여 년간 광범위한 연구의 책임자를 맡았던 조지 베일런트 교수는 무수한 자료를 집대성해 《행복의 비밀 Triumphs of Experience》이라는 책을 냈다. 이 책은 인간이 행복하고 건강하게 살기 위해 어떤 것들이 필요하고 그렇지 않은지를 말해준다. 그렇다면 베일런트 교수는 과연 행복하고 건강한 삶에 대해 어떤 결론을 내렸을까?

> 그랜트 연구는 행복한 삶을 떠받드는 기둥이 두 개 있음을 발견했다. 하나는 사랑이라는 기둥이고, 다른 하나는 사랑을 밀어내지 않는 대응 방식을 찾아내는 것이다.

베일런트 교수는 수십 년간의 연구가 세월과 함께 무르익어갈수록 인생에서 따뜻하고 친밀한 인간관계의 중요성을 반복해서 목격할 수 있었다고 밝혔다. 과학은 가치관에 대해 어떤 말도 하지 않지만, 많은 심리학자들이 가치판단을 배제한 쾌락주의적 관점에서 진행해온 연구 결과들을 보면 일관된 메시지가 있다. 바로 만나는 이들과 따뜻함을 주고받으라는 메시지다.

조금은 가벼운 마음으로 행복 찾기

한 사람이 태어나 처음으로 맺는 인간관계는 부모와의 관계다. 그 영향은 줄어들다 중년이 될 즈음에는 결국 사라진다고 하지만, 유년기 시절 이 관계의 힘은 절대적이다. 아이가 자라나는 데에 부모의 역할이 그리 중요하지 않다는 주장의 책《양육가설The Nurture Assumption》로도 유명한 주디스 리치 해리스조차 자녀에 대한 부모의 영향력에 대해 다음과 같이 말했다.

> 우리는 아이들의 미래를 쥐고 있지는 않지만 현재를 쥐고 있는 것은 분명하다. 그리고 아이들의 현재를 아주 비참하게 만들 힘도 쥐고 있다.

아이의 어떠함이 모두 부모의 책임이 아니니 우리는 조금은 가벼운 마음으로 자녀를 대해도 좋다. 세계적인 권위를 지닌 언어·인지심리학자 스티븐 핑커는 "부모의 양육으로 인해 아이들을 설계할 수 있다는 생각은 환상에 불과하다"며, 그의 저서《빈서판blank slate》에서 "사람들은 아이가 특별한 인간관계의 당사자란 사실을 쉽게 잊고 말랑말랑한 공작용 재료쯤 된다고 생각한다"고 말했다.

우리가 아이에게 최선을 다하고자 한다면, 그것은 아이들을 '일류 대학을 나온 훌륭한 어른'으로 빚어내기 위함이라기보다 핑커의 표현을 빌려 '부모가 보여준 사랑과 희생을 회상하면서 행복한 추억에 젖어드는 사람'으로 성장시키기 위함이어야 하지 않을까.

부모라면 아이가 처음 태어난 순간을 잊을 수 없을 것이다. 거의 모든 부모가 갓 태어난 아이를 바라보며 "너는 그저 건강하게만 자라라"고 소망한다. 이 마음을 잊지 않는다면, 우리 모두 충분히 좋은 부모가 될 수 있으리라 믿는다.

참고문헌

1장

행복한 아이는 공부도 즐겁다 :공부 편

- 구자영·서은국 저, 〈행복의 양이 한정되어 있다는 믿음과 주관적 안녕감〉, 한국심리학회지: 사회 및 성격, 2007
- 김난도 외 8명 저, 《트렌드코리아 2019》, 미래의창, 2018
- 김태형 저, 《실컷 논 아이가 행복한 어른이 된다》, 갈매나무, 2016
- 미하이 칙센트미하이 저, 노혜숙 역, 《창의성의 즐거움》, 북로드, 2003
- 앤드리아 피터슨 저, 박다솜 역, 《불안에 대하여》, 열린책들, 2018
- 정재승 저, 《열두 발자국》, 어크로스, 2018
- Carver C. S., White T. L., "Behavioral inhibition, behavioral activation, and affective responses to impending reward and punishment: The BIS/

BAS Scales", Journal of Personality and Social Psychology, 1994

- Deci E. L., Koestner R., Ryan R. M., "A meta-analytic review of experiments examining the effects of extrinsic rewards on intrinsic motivation", Psychological Bulletin, 1999
- Dweck C. S., *Self-theories: Their role in motivation, personality and development*, Philadelphia: Psychology Press, 1999
- Fredrickson B. L., "What good are positive emotions?", Review of General Psychology, 1998
- Lyubomirsky S., Ross L., "Hedonic consequences of social comparison: A contrast of happy and unhappy people", Journal of Personality and Social Psychology, 1997

2장

'무엇을'만큼 '왜'와 '어떻게'도 중요하다 : 진로와 선택 편

- 말콤 글래드웰 저, 노정태 역, 《아웃라이어》, 김영사, 2009
- 알랭 드 보통 저, 저명진 역, 《젊은 베르테르의 기쁨》, 생각의나무, 2005
- 앤절라 더크워스 저, 김미정 역, 《그릿》, 비즈니스북스, 2016
- Aknin L. B., Barrington-Leigh C. P., Dunn E. W., Helliwell J. F., Biswas-Diener R., Kemeza I., Nyende P., Ashton-James C. E., Norton M. I., "Prosocial spending and well-being: Cross-cultural evidence for a psychological universal", Journal of Personality and Social Psychology, 2013
- Dittmar H., Bond R., Hurst M., Kasser T., "The relationship between

materialism and personal well-being: A meta-analysis", Journal of Personality and Social Psychology, 2014
- Dunn E. W., Aknin L. B., Norton M. I., "Spending money on others promotes happiness", Science, 2008
- Easterlin R., "Does economic growth improve the human lot? Some empirical evidence", Paul A. David, Melvin W. Reder(Eds.), *Nations and households in economic growth: Essays in honor of Moses Abramovitz*, New York: Academic press, 1974
- Glibert D. T., Killingsworth M. A., Eyre R. N., Wilson T. D., "The surprising power of neighborly advice", Science, 2009
- Henderson L. W., Knight T., "Integrating the hedonic and eudaimonic perspectives to more comprehensively understand wellbeing and pathways to wellbeing", International Journal of Wellbeing, 2012
- Inglehart R., Foa, A., Peterson C., Welzel C., "Development, freedom and rising happiness: A global perspective (1981-2007)", Perspectives on Psychological Science, 2008
- Veenhoven R., "Is happiness relative?", Social Indicators Research, 1991

3장

관계 역시 배움의 영역이다 : 인간관계 편

- 고가 후미타케기미시 이치로 저, 전경아 역, 《미움받을 용기》, 인플루엔셜, 2014
- 니컬러스 크리스태키스제임스 파울러 저, 이충호 역, 《행복은 전염된다》,

김영사, 2010
- 손경이 저, 《당황하지 않고 웃으면서 아들 성교육 하는 법》, 다산에듀, 2018
- 손경이 저, 《움츠러들지 않고 용기 있게 딸 성교육 하는 법》, 다산에듀, 2018
- 수전 케인 저, 김우열 역, 《콰이어트》, 알에이치코리아, 2012
- 프레드릭 배크만 저, 최민우 역, 《오베라는 남자》, 다산책방, 2015
- Baumeister R. F., Leary M. R., "The need to belong: desire for interpersonal attachments as a fundamental human motivation", Psychological Bulletin, 1995
- DeWall N. C., MacDonald G., Webster G. D., Masten C. L., Baumeister R. F., Powell C., Combs D., Schurtz D. R., Stillman T. F., Tice D. M., Eisenberger N. I., "Acetaminophen reduces social pain: Behavioral and neural evidence", Psychological Science, 2010
- Eisenberger N. I., Lieberman M. D., Williams K. D., "Does rejection hurt? An fMRI study of social exclusion", Science, 2003

4장 ~~~~~~~~ 마음이 단단해야 생각도 단단하다 : 정서 편

- 대니얼 네틀 저, 김상우 역, 《성격의 탄생》, 와이즈북, 2009
- 루시 모드 몽고메리 저, 김양미 역, 《빨간 머리 앤》, 글담, 2018
- 무라카미 하루키 저, 김난주 역, 《코끼리 공장의 해피엔드》, 문학동네, 2012
- 조지 베일런트 저, 최원석 역, 《행복의 비밀》, 21세기북스, 2013
- 피터 홀린스 저, 공민희 역, 《혼자 있고 싶은데 외로운 건 싫어》, 포레스트북스, 2018

- Aacker J., Rudd M., Mogilner C., "If money doesn't make you happy, consider time", Journal of Consumer Psychology, 2011
- Alicke M. D., "Global self-evaluation as determined by the desirability and controllability of trait adjectives", Journal of Personality and Social Psychology, 1985
- Costa P. T., Jr., McCrae R. R., "Influence of extraversion and neuroticism on subjective well-being: happy and unhappy people", Journal of Personality and Social Psychology, 1980
- Davidson R. J., Kabat-Zinn J., Schumacher J., Rosenkranz M., Muller D., Santorelli S. F., et al., "Alterations in brain and immune function produced by mindfulness meditation", Psychosomatic Medicine, 2003
- Diener E., Sandvik E., Pavot W., "Happiness is the frequency, not the intensity, of positive versus negative affect", F. Strack, M. Argforyle, N. Schwartz(Eds.), *Subjective well-being: And interdisciplinary perspective*, New York: Pergamon Press, 1991
- Diener E., Seligman M. E. P., "Very happy people", Psychological Science, 2002
- Dunn E. W., Gilbert D. T., Wilson T. D., "If money doesn't make you happy then you probably aren't spending it right", Journal of Consumer Psychology, 2010
- Fleeson W., Malanos A. B., Achille N. M., "An intraindividual process approach to the relationship between extraversion and positive affect: Is acting extraverted as "good" as being extraverted?", Journal of Personality and Social Psychology, 2002
- Heine S. J., Lehman D. R., Markus H. R., Kitayama S., "Is there a universal

need for positive self-regard?", Psychological Review, 1999

- Hill P., Argyle M., "Emotional stability as a major dimension of happiness", Personality and Individual Differences, 2001
- Langer E. J., Moldoveanu M., "The construct of mindfulness", Journal of Social Issues, 2000
- Lucas R. E., Diener E., Grob A., Suh E. M., Shao L., "Cross-cultural evidence for the fundamental features of extraversion", Journal of Personality and Social Psychology, 2000
- Lykken D., Tellegen A., "Happiness is a stochastic phenomenon", American Psychological Society, 1996
- Marrero R. J., Abella M. C., "Well-being and personality: Facet-level analyses", Personality and Individual Differences, 2011
- McCrae R. R., Costa P. T. Jr., "Adding Liebe und Arbeit: The full five-factor model and well-being", Personality and Social Psychology Bulletin, 1991
- Suh E., Diener E., Fujita F., "Events and subjective well-being: Only recent events matter", Journal of Personality and Social Psychology, 1996

민사고 행복 수업

초판 1쇄 발행 2019년 6월 25일
초판 2쇄 발행 2019년 7월 8일

지은이 | 김여람

발행인 | 박재호
편집 | 고아라, 홍다휘, 강혜진, 이은정
마케팅 | 김용범
총무 | 김명숙
종이 | 세종페이퍼
인쇄·제본 | 한영문화사

발행처 | 생각정원 Thinking Garden
출판신고 | 제25100-2011-320호(2011년 12월 16일)
주소 | 서울시 마포구 양화로 156(동교동) LG팰리스 814호
전화 | 02-334-7932 팩스 | 02-334-7933
전자우편 | 3347932@gmail.com

ISBN 979-11-88388-84-4 03370

이 도서의 국립중앙도서관 출판예정도서목록(CIP)은 서지정보유통지원시스템 홈페이지(http://seoji.nl.go.kr)와 국가자료공동목록시스템(http://www.nl.go.kr/kolisnet)에서 이용하실 수 있습니다. (CIP제어번호: CIP2019023329)

만든 사람들
편집 | 홍다휘, 고아라
교정교열 | 김익선
북디자인 | 김윤남